OLIVIER DE VLEESCHOUWER

EIN GARTEN (FAST) OHNE GIESSEN

GENÜGSAME PFLANZEN FÜR EINEN PRACHTVOLLEN GARTEN

Inhaltsverzeichnis

Einführung

Wasser ist zu einer entscheidenden Herausforderung geworden. Als der Umweltaktivist René Dumont bei der Kampagne zu den Präsidentschaftswahlen 1974 im Fernsehen mit einem Glas Wasser in der Hand auftrat und prophezeite, dass dies in Zukunft das Hauptproblem sein würde, galt er als unglaubwürdiger Fantast. Heute sind wir soweit. Die Trockenheit aufgrund der Klimaerwärmung zwingt uns zu tiefgreifenden Überlegungen bezüglich unserer Gartengewohnheiten. Dieser Mentalitätswechsel geht mit dem globaleren Bewusstsein einher, dass unser Lebenswandel dringend an den Erhalt unserer Erde angepasst werden muss. Es wird beispielsweise klar, wie unangebracht der Wunsch nach einem englischen Rasen in einer Region ist, in der die Niederschläge Jahr für Jahr weniger werden. Kein Gärtner kann sich ernsthaft der Verpflichtung entziehen, sich diesen neuen Gegebenheiten anzupassen. Er muss nun lernen, seine Methoden zu ändern und nicht mehr unkontrolliert zu gießen, als wären die Wasservorräte unendlich. Vielmehr muss er sich einer neuen, umweltfreundlicheren Art öffnen, um seine Leidenschaft zu leben.

Wer hat nicht schon von einem Garten geträumt, der nicht gegossen werden muss? Der Garten wird oft eher instinktiv anstatt wohl durchdacht gegossen. Man sieht eine Pflanze beim ersten Hitzeschock leiden, und anstatt sich die richtigen Fragen zu stellen, spielt man mit der Gießkanne in der Hand den Samariter, damit sie nicht unwiederbringlich eingeht. Zweck dieses Buches ist ausschließlich, uns dabei zu helfen, einen anderen Blickwinkel auf den Garten zu erhalten und zuzulassen, dass jeder seine Wünsche den Gegebenheiten des Bodens, der Ausrichtung, dem

Klima anpasst... Und bloß kein falscher Eifer. Man sollte lieber sorgsam überlegen, sich bei kompetenten Menschen Rat einholen und ein paar Fachbücher lesen, anstatt kopfüber loszulegen und später alles zu bereuen. Den Boden zu kennen ist das A und O. Ist er schwer und klebrig? Oder eher durchlässig, sodass das Regenwasser blitzschnell verschwindet? Es gibt lehmige Böden, die im Winter Wasser speichern, in denen die Pflanzen jedoch im Sommer verdursten. Jeder denkt, dass Gartenbesitzer in der Normandie sich „mit dem ganzen Regen dort" den Gartenschlauch sparen können. Eben nicht, denn dort wie auch anderswo herrscht oft Trockenheit, und der Grundwasserpegel sinkt kontinuierlich. Es ist also klar: Die Wasserfrage betrifft uns alle. Egal, ob Sie einen „normalen" Garten haben und nach Lösungen suchen, damit er nicht jedes Jahr vor dem Sommer kollabiert, oder ob Sie Ihren Boden so verändern, dass dort Pflanzen gedeihen, die Trockenheit besser vertragen. Deshalb sind die folgenden Seiten für Sie wichtig. Es gibt Lösungen für Pflanzen, damit sie im Sommer nicht verdursten, ohne die Zeit mit ständigem Wässern verbringen zu müssen. Einfache und wirkungsvolle Maßnahmen, die für alle umsetzbar sind. Entdecken Sie die von eben diesen Pflanzen entwickelten Tricks, um Trockenheit besser zu trotzen. So können Sie gezielter gießen und vermeiden vor allem falsches Handeln, wo man doch eigentlich alles richtig machen will!

Denn sehr oft wissen wir nicht, was Pflanzen wirklich brauchen, wie sie es anstellen, um Wasser aus dem Boden zu schöpfen. Wir gießen falsch, stoßartig oder mit Hilfe automatischer Bewässerung. Das beruhigt dann unser Gewissen, aber die Stauden und Sträucher werden immer abhängiger und sind immer weniger in der Lage, Trockenperioden zu trotzen.

Es ist klar, dass die Anpassung an lange niederschlagsfreie Perioden auch von den Pflanzenarten abhängt. Die Auswahl der Pflanzen für einen Trockengarten ist daher ausschlaggebend. Lavendel und Rosmarin sind zwar gängige Beispiele hierfür, doch gibt es eine ganze Reihe uns unbekannter Wunderpflanzen, die völlig natürlich ihren Platz in einem solchen Umfeld einnehmen. Dieses Buch soll auch dem Hobbygärtner dabei helfen, diese Pflanzen zu entdecken, ihre Bedürfnisse zu erkennen, sie entsprechend zu nutzen und zu pflegen. Weniger Zwänge, aber die volle Freude ... Denn ebenso wie wir gerade dabei sind, unsere Ernährungsgewohnheiten umzustellen, findet derzeit auch eine kleine Revolution in Sachen Gärtnern statt. Die Zeiten sind vorbei, in denen man eine Pflanze unbedingt künstlich an einem Ort mit Dünger und Dauergießen am Leben erhalten wollte, obwohl sie dort nicht hinpasst. Die richtige Staude am richtigen Ort, so lautet die Regel. Und kleine, schwache Pflänzchen, die dahinwelken, sobald das Thermometer verrücktspielt, sollte man entweder verschenken oder sich damit abfinden, dass sie eingehen. Jedenfalls wird jede Staude oder jeder Strauch, die in einem unpassenden Umfeld und nur durch unsere Intensivpflege am Leben erhalten werden, früher oder später unserer Sorgfalt entwischen und eingehen. In der Natur müssen Pflanzen unweigerlich selbst klarkommen und sich ihrem Umfeld anpassen. Natürlich sollte man ihnen am Anfang bei der Eingewöhnung helfen, allerdings mit dem Hintergedanken, sie zu autonomen Pflanzen zu machen. Doch verschwenderisches Gießen, sowohl was die Häufigkeit als auch die Menge angeht, hat für den Gärtner ein ebenso zweckloses wie kostspieliges Ritual zur Folge. Mit den richtigen Handgriffen erfährt man dagegen volle Zufriedenheit, deren Ausmaß vom Gärtner oft unterschätzt wird. Klimaerwärmung und Wasserknappheit verpflichten, und daher ist das auch das sicherste Mittel hin zu einem leuchtenden, gesunden und pflegeleichten Garten. Alles in allem ein Schritt in Richtung Weisheit.

Teil I

Der Gärtner, die Pflanzen und das Wasser

Eine klare Sache

Fängt man mit dem Gärtnern an, ist man enthusiastisch und handelt in der Regel aus dem Bauch heraus. Man hat einen kleinen oder großen Garten erworben und stellt sich etwas naiv vor, dass alle ziellos gekauften Pflanzen dort gedeihen werden. Nach einigen Wochen stellt man jedoch fest, dass die Schützlinge allmählich beunruhigende Anzeichen haben: gelbliche Blätter, kraftlose junge Triebe, Anzeichen von Fäulnis am Wurzelhals. Und unser bitter enttäuschter Gärtner zweifelt ernsthaft an sich, wo er doch alles dafür getan hat, damit es nicht an Wasser mangelt!

Erste Lektion: Je nach Milieu, aus dem sie kommen, haben nicht alle Pflanzen die gleichen Bedürfnisse. Einige lieben trockene Böden und eine sonnige Lage, andere schwere, ja gar lehmige Böden mit dauerhafter Feuchtigkeit, wieder andere fühlen sich wohler, wenn sie morgens von der Sonne gewärmt werden, jedoch in den heißesten Mittagsstunden im Schatten sein können ... Lavendel, Beifuß oder Bergminze hassen zu viel Wasser wie die Pest, denn es sorgt in kürzester Zeit dafür, dass sie eingehen. Sie ebenso ergiebig und regelmäßig zu gießen wie Funkien oder Farne, also Pflanzen, die nach Wasser lechzen, ist daher völlig falsch.

Anhand dieses Beispiels versteht man, warum sich automatische Bewässerung als besonders kontraproduktiv erweisen kann, obwohl doch viele Gartenbesitzer im guten Glauben sind, mit dieser Installation das Wasserproblem los zu sein. Es ist also völlig sinnlos, Pflanzen mit derart unterschiedlichen Wasserbedürfnissen die gleiche Menge Wasser zukommen zu lassen.

Die ursprüngliche Umgebung der gewünschten Pflanzen zu kennen hilft dabei, unter denselben Bedingungen (Boden und Bewässerung) Arten mit ähnlichen Ansprüchen zusammenzubringen. Eine schattenliebende Pflanze wird daher nicht zu einer Pflanze mit Sonnenbedarf passen; ebenso wie unterschiedliche Stauden und Sträucher eben in wasserdurchlässigem oder schwerem Boden gedeihen. Aus dem ganz einfachen Grund, weil Pflanzen aus dem Unterholz reichhaltige und humose Böden lieben, während Pflanzen aus Regionen mit geringer Luftfeuchtigkeit sich niemals so wohl fühlen werden wie in einem drainierten Boden, in dem die Wurzeln im Trockenen und der Kopf in der Wärme ist.

Der übliche Reflex eines jeden Gärtners ist regelmäßiges Gießen in geringen Mengen, weil man zu Unrecht denkt, dass die Pflanzen bei einem an der Oberfläche feuchten Boden gut versorgt sind. Die Wahrheit sieht ganz anders aus. Leichtes Gießen sorgt zwar für feuchte Erde, jedoch nicht in der Tiefe. Die Folge ist, dass die Pflanzenwurzeln nur widerwillig bis tief in die Erde wachsen. Bei der geringsten Trockenperiode sind diese Pflanzen dann Trockenstress ausgesetzt und werden bei andauernder Trockenheit letztendlich eingehen.

In der Natur sind Pflanzen gezwungen, ganz alleine klarzukommen. In warmen Regionen hat sich das Wurzelsystem zahlreicher Arten perfekt der Dringlichkeit der Situation angepasst. Gleich nach dem Keimen bildet die kleine Pflanze vertikale Wurzeln, um den Kontakt mit dem Bereich zu gewährleisten, in dem sich die Feuchtigkeitspolster befinden. Erst viel später vermehren sich die Wurzelfasern dieser Hauptwurzeln und ermöglichen es der Pflanze, die Nährstoffe zu speichern, die in den Zwischenschichten des Bodens lagern.

Also: Wasser ist der erste Reflex. Um Neuanpflanzungen dazu zu bewegen, dass auch sie tief in die Erde wurzeln, sollte man daher in größeren Zeitabständen viel gießen. Auf regelmäßige und kleine Wassermengen sollte man vollständig verzichten, wenn man nicht will, dass die Pflanzen abhängig und anfällig werden.

Welche Wassermenge? In welchen Abständen? Wie sicherstellen, dass Wasser tief genug eindringt und nicht verschwendet wird, indem es sich rundum ausbreitet? Darauf werden wir in diesem Buch immer wieder zurückkommen.

DIE RICHTIGEN BLÄTTER

Kleine Biologiekunde: Blätter gehören zu den lebenswichtigen Organen der Pflanze. Sie sollen die vom Licht erzeugte Energie speichern. Diese Pflanzen können sich dann in einem komplexen Austauschprozess entwickeln. Manchmal vergisst man, dass das Leben von Mensch und Tier von diesen einfachen Blättern abhängt, die für die Versorgung der Atmosphäre mit Sauerstoff zuständig sind, einem Gas, ohne das wir nicht existieren könnten.

Es bedarf keiner besonderen Beobachtungsgabe, um zu erkennen, dass es in der Natur eine unheimliche Vielfalt an Blättern gibt. Große, flache und weiche Blätter oder kleine zähe, nadelförmige Blätter, lanzenförmige, herzförmige Blätter oder Blätter in Form kleiner Hände: Diese verschiedenen Blattarten sollen nicht etwa die Vorliebe des Gärtners für Vielfalt bedienen.

Zum Überleben, um weiterhin Licht einfangen zu können, und dies unabhängig vom klimatischen Umfeld, haben sich Blätter nach und nach verändert, bis hin zur extremen Form von Kakteen. Deren Dornen sind tatsächlich ehemalige umgewandelte Blätter, die das Überleben der Pflanze in einem heißen und trockenen Klima sichern. Ständig das Licht einzufangen und dabei zu überleben, egal ob es ein wenig, viel, selten oder gar nicht regnet, so lautet die Herausforderung, mit der sich Blätter im Laufe der Zeit immer wieder konfrontiert sahen.

Klima und Mikroklima

Die Region, in der sich der Garten befindet, wird natürlich die Auswahl des Gärtners für die Pflanzen beeinflussen, die er anpflanzen möchte. Hierfür sollte man sich nach dem geografischen Ursprung der entsprechenden Pflanzen erkundigen. Ansonsten können fachkundige Pflanzenzüchter alle erforderlichen Informationen bezüglich der Robustheit einer bestimmten Staude oder eines bestimmten Strauchs liefern. In einem ozeanischen Klima werden natürlich andere Arten gepflanzt als in einem Bergklima, in einem Flachlandklima oder gar einem mediterranen Klima.

Allerdings ist es durchaus so, dass einige Pflanzen eine derart große Anpassungsfähigkeit an den Tag legen, dass man ihnen tatsächlich einiges zutraut. Es sind gute, unkomplizierte Pflanzen, die manchmal so wenig Rücksicht auf ihre Anbaubedingungen nehmen, dass sie fast, und sehr zu Unrecht, unbemerkt bleiben würden. Eines ist jedenfalls sicher: In einer bestimmten Region können die klimatischen Bedingungen um einige Grade variieren, je nachdem, ob man sich am Waldrand oder auf einem südlich gelegenen Hügel befindet, in einem tiefen Tal oder auf einem windigen Plateau.

Jeder kann feststellen, dass es in ein und demselben Garten tatsächlich möglich ist, je nach Standort mit dem Thermometer zu spielen. An der Sonnenseite unterhalb einer Mauer können Schmucklilien und Nerinezwiebeln hervorragend gedeihen, während dieselben Pflanzen etwa 50 m weiter sicherlich eingehen würden, weil sie vielleicht eisigen Luftzügen oder einem wassergetränkten Boden ausgesetzt wären. Betrachtet man seinen Garten als ein weites Land mit mehr oder weniger günstigen Standorten, macht dies alles in allem eine größere Pflanzenvielfalt möglich.

Die Erde wird in die fünf große Klimazonen eingeteilt: polare, subpolare, gemäßigte, subtropische und tropische Klimazonen. Deutschland befindet sich ausschließlich in der gemäßigten Klimazone und liegt zwischen maritimem und kontinentalem Klima. Dadurch sind die vier Jahreszeiten sehr ausgeprägt, und vor allem im Süden und Osten Deutschlands sind die Temperaturunterschiede zwischen Sommer und Winter sehr groß.

Innerhalb von Deutschland gibt es folgende Einteilungen:

Tundrenklima: Das Tundrenklima ist durch extreme Kälte und kurze, kühle Sommer gekennzeichnet. Die Temperaturen liegen im Durchschnitt unter dem Gefrierpunkt, und es gibt nur eine begrenze Vegetation, die an die extremen Bedingungen angepasst ist. Tundra findet sich normalerweise in hochgelegenen Gebieten. Ein Beispiel hierfür wäre die Zugspitze.

Feucht-kontinentales Klima: Das feucht-kontinentale Klima ist durch kalte Winter und warme bis heiße Sommer gekennzeichnet. Die Temperaturunterschiede zwischen den Jahreszeiten sind oft deutlich erkennbar. Im Vergleich zu den maritimen Klimazonen sind die Niederschläge geringer und können ungleichmäßig über das Jahr verteilt sein. Die meisten Bereiche in Deutschland fallen unter diese Kategorie. Für Gärtner gilt dieses Klima als brutal aufgrund der hohen Temperaturunterschiede.

Maritimes Klima: Das maritime Klima wird von seiner Nähe zum Meer beeinflusst. Es zeichnet sich durch milde Winter, kühle Sommer und relativ gleichmäßig verteilte Niederschläge aus. Die Temperaturen sind weniger extrem als in den kontinentalen Klimazonen. Das Wetter in diesen Regionen ist wechselhaft, und die meisten Niederschläge gibt es in der kalten Jahreszeit. In Deutschland findet sich das maritime Klima entlang der Nordseeküste.

Feuchtes subtropisches Klima: Das feuchte subtropische Klima ist typisch für Regionen mit warmen bis heißen Sommern und milden Wintern. Die Niederschläge sind das ganze Jahr über relativ hoch und können saisonale Variationen aufweisen.

Subarktisches Klima: Die Merkmale eines subarktischen Klimas sind kurze, milde Sommer mit Temperaturen von bis zu 30°C und langen, kalten Wintern. Der Niederschlag in diesen Regionen ist ziemlich niedrig über das Jahr. Vegetation in subarktischen Gebieten ist spärlich.

Klimazonen können im Laufe der Zeit variieren, und die Grenzen zwischen ihnen sind nicht immer absolut festgelegt. Gerade im Lauf der letzten Jahrzehnte haben sich wie auf der ganzen Welt auch die Klimazonen in Deutschland verändert und verschoben.

Wie Pflanzen der Trockenheit widerstehen

Will man die Bewässerung auf ein Maximum reduzieren oder gar einstellen, sollte man vorzugsweise Arten aus Regionen der Erde verwenden, die diese Erwartungen erfüllen. Es handelt sich hier um Pflanzen aus dem Mittelmeerraum (heiße und trockene Sommer, feuchte oder zumindest milde Winter). Den Begriff Mittelmeerklima sollte man nicht zu eng fassen, denn neben dem Mittelmeerraum sind auch gleichermaßen Südafrika, Australien, Kalifornien und Chile gemeint.

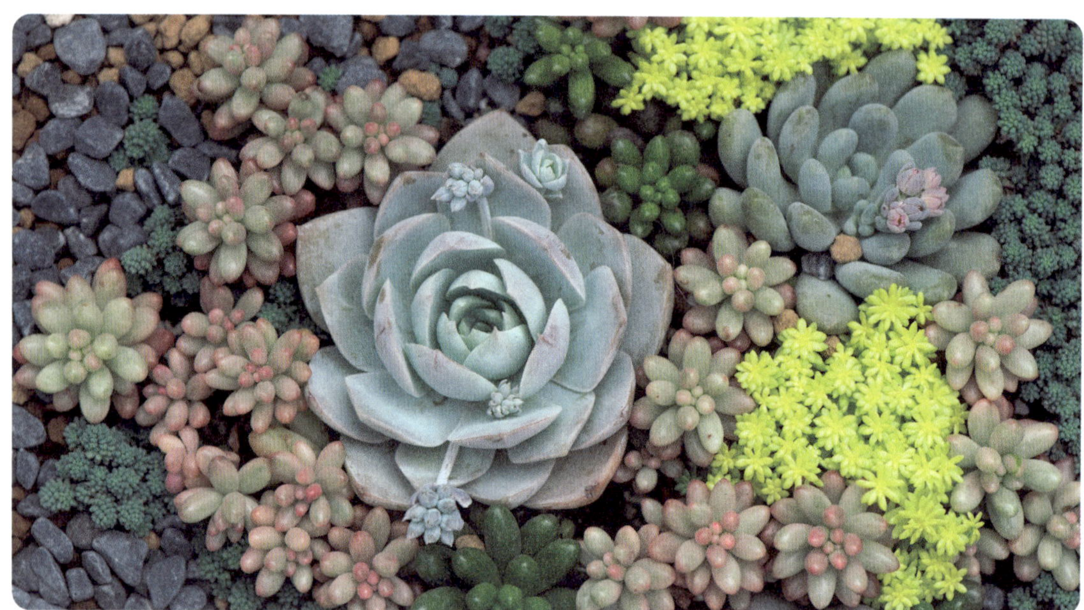

Pflanzen aus diesen Regionen haben im Laufe der Zeit zahlreiche Tricks entwickelt, um der Hitze zu trotzen und Wasserverluste zu minimieren. Die Folgen dieser Anpassung sind die Form der Blätter (extrem klein oder linear), ihre Textur (dick, zäh usw.), ja sogar ihre Farbe (gräulich oder dunkelgrün in Richtung blau). Die grauen Blätter sind in Wahrheit grün, doch ihre der Sonne ausgesetzte Oberfläche ist mit weißlichen Härchen bedeckt, deren Aufgabe es ist, die stechenden Sonnenstrahlen zu reflektieren und somit eine zu hohe Wasserverdunstung zu vermeiden. Diese Härchen sollen auch die Feuchtigkeit von Morgentau speichern. Je weniger diese grauen Pflanzen im Garten gegossen werden, desto schöner sind sie!

Ebenso haben Seda fleischige Blätter, die Wasser speichern. Wachsartige oder starre Häutchen machen es dann möglich, dass dieses Wasser in der Pflanze konserviert wird. Andere Pflanzen haben feste, filzige oder mit seidigen Härchen bedeckte Blätter. Außerdem gibt es keine großen Blattflächen oder dünnen Blätter, die von den Sonnenstrahlen blitzschnell verbrannt würden. Eine gewisse Anzahl Bäume und Sträucher aus kargen Milieus haben ein besonderes Blattwerk entwickelt: Die Blätter sind auf der Vorderseite glasiert (sonnenundurchlässig) und ihre Atmungsorgane befinden sich auf der Rückseite, die weniger intensiver Hitze ausgesetzt ist. So viele Anpassungen, die für eine begrenzte Wasserverdunstung sorgen, denn das Schlüsselwort lautet Widerstandskraft.

Dennoch sollte man nicht denken, es gäbe nur eine begrenzte Auswahl an solchen Pflanzen, die sich als „zickig" erweisen. Fachzeitschriften druckten über Jahrzehnte immer wieder Bilder von Mittelmeergärten ab, in denen nur Lavendel, Heiligenkraut und Oleander zu sehen waren, und vermittelten uns so den Eindruck, dass Trockenheit nicht mit Artenvielfalt einhergehen könne. So denken viele immer noch, dass ein richtiger Garten nur aus „Mixed-Border", also gemischten Rabatten im englischen Stil, üppigen Rosenstauden und einem immergrünen Rasen besteht. Zum Glück stimmt das so überhaupt nicht und es gibt fast unendlich viele Pflanzen zu entdecken. Was für eine gute Nachricht!

Große und kleine Wurzeln

Pflanzenwurzeln haben zwei Funktionen: Einerseits sorgen sie für die Wasser- und Nährstoffversorgung, andererseits für die Verankerung im Boden.

Man unterscheidet zwei Arten von Wurzeln: Pfahlwurzeln und Faserwurzeln.

Pfahlwurzeln sind so etwas wie der Dorn im Auge von denjenigen, die es mit Unkraut zu tun haben. Löwenzahn, Disteln und Ampfer (Mönchsrhabarber) sind Vertreter dieser Wurzelart. Will man sie loswerden, braucht man einen Unkrautstecher, und selbst dann kann man Pech haben. Doch Pastinaken, Karotten und Kohlrüben sind auch nichts anderes als Pfahlwurzeln, von denen wir uns ernähren! Diese dicken und fleischigen Wurzeln speichern die Nahrung der Pflanze. Sie graben sich tief in den Boden, um dort schon als kleiner Keimling die überlebensnotwendigen Ressourcen anzuzapfen.

Faserwurzeln bilden dagegen ein verzweigtes Wurzelwerk, ohne sich jedoch tief in den Boden zu graben. Das beste Beispiel ist Efeu, das ein weitgreifendes, jedoch nicht tiefes Wurzelwerk bilden kann, das fest im Boden verankert ist. Immergrün, zahlreiche mehrjährige Geranien oder Flohknöterich entwickeln solche Wurzeln. Sie sind sehr wichtig für die Befestigung von Abhängen. Faserwurzeln orientieren sich an den Bereichen, an denen es ausreichend Feuchtigkeit und Nährstoffe gibt.

Egal, welche Wurzelarten Ihre Wunschpflanzen haben, es gilt ein und dieselbe Regel: ausreichend gießen, jedoch in großen Abständen! Pfahlwurzeln holen sich automatisch Wasser, indem sie sich in den Boden eingraben. Und Flachwurzeln sind zum Einsinken gezwungen, anstatt sich nur oberflächlich zu entwickeln.

Loslegen!

Wenn man anfängt, sollte man Lust dazu haben, Stimmungen einzufangen, ohne jedoch Schritte auszulassen. Ein Trockengarten für Pflanzen, die an ein hartes Leben gewöhnt sind? Es mangelt hier nicht an Lektüre und auch nicht an Gärten, die man besichtigen kann. Außerdem ist es natürlich immer ratsam, mit erfahrenen Pflanzenzüchtern zu sprechen, die jederzeit gerne wertvolle Tipps geben.

Majestätische Salbeiarten ❶, Zistrosen mit ihren Papierblüten, Phlomis mit ihren lustigen strohfarbenen Blütenständen oder die edle italienische Strohblume ❷, deren Curryduft ein bezauberndes Dufterlebnis ist: Es gibt vieles zu entdecken, und die Möglichkeiten erscheinen unendlich. Übrigens ist Einschränkung ein Ausdruck, der Gärtnern nicht sonderlich gefällt!

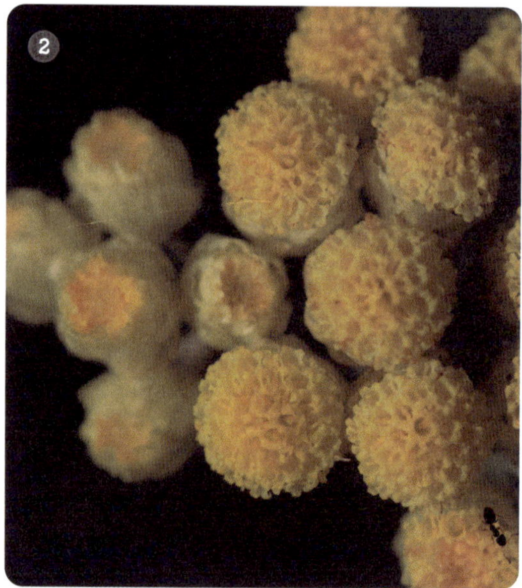

Man findet immer ein kleines Plätzchen für einen Honigstrauch mit seltsam geschnittenem blauem Blattwerk oder für ein schönes Büschel azurblauer Schmucklilien. Nach und nach wird sich eine neue Welt eröffnen, in der Texturen ebenso wie Düfte eine entscheidende Rolle spielen. Stellen Sie sich doch einen üppigen, ganzjährig schönen Garten vor, der nur ein kleines Maß an Arbeit verlangt ...

Keinen Schritt auslassen

Heutzutage sind immer mehr Regionen von Trockenperioden betroffen. Wochenlang kein Regen und Temperaturen über 30°C; dieses Phänomen betrifft bei weitem nicht nur südliche Regionen. Muss man also auf einen schönen Garten verzichten? Ist man daher gezwungen, seine Pflanzen eingehen zu lassen, sich auf Gedeih und Verderb zu binden und die Wasserrechnung in die Höhe zu

treiben, nur um einige nimmersatte Raritäten am Leben zu erhalten? Die Antwort auf diese beiden Fragen wird von unserer Anpassungsfähigkeit abhängen. Zum Glück steht es außer Frage, auf das Gärtnern zu verzichten. Aber dass wir anders gärtnern müssen, ist mittlerweile eine weit verbreitete Erkenntnis.

Auf einem trockenen, kiesigen Boden, der von morgens bis abends von der Sonne beschienen wird, wachsen manche Pflanzen ganz natürlich. Trotz alledem kann man sehr wahrscheinlich auch in einem Garten, in dem kein mittelmeerähnliches Klima herrscht, Pflanzen wachsen lassen, die sich speziell für trockene Böden eignen. Beispielsweise Abhänge (1), bei denen Wasser sofort herabrieselt, oder die Südseite unterhalb von Mauern, rund um Bäume, wo die konkurrierenden Wurzeln für Austrocknung sorgen, sind solche Plätze. Im Laufe der Jahre kann jeder feststellen, dass es immer mehr solcher trockenen Standorte geben wird.

Allerdings liegt es uns fern, nur ein einziges Modell für einen Trockengarten von Norden bis Süden anzupreisen. Jede Region hat ihre Eigenheiten und nichts ist deprimierender als Palmen oder Olivenbäume, die man manchmal mit aller Gewalt an die Umgebung einer Heckenlandschaft gewöhnen möchte. Aber andererseits und abgesehen davon, dass kein Garten von der Landschaft drum herum losgelöst werden kann, ist die Akklimatisierung neuer Pflanzen aufgrund des Klimawandels eine spannende Herausforderung, deren Ausmaß die Gärtner – ob Profis oder Laien – gerade erkennen. Es bewegt sich etwas, allerdings ist das kein Grund, alles zu überstürzen. Es kann keine Veränderung erfolgen, ohne dass man die Gegebenheiten genauestens kennt. Man kann nur in einzelnen Schritten vorgehen, und die Erkundung des Bodens ist ein ganz wichtiger. Danach muss man einfach nur maßvoll handeln oder radikalere Änderungen vornehmen. Je nach Lust und Laune oder den Fähigkeiten eines jeden!

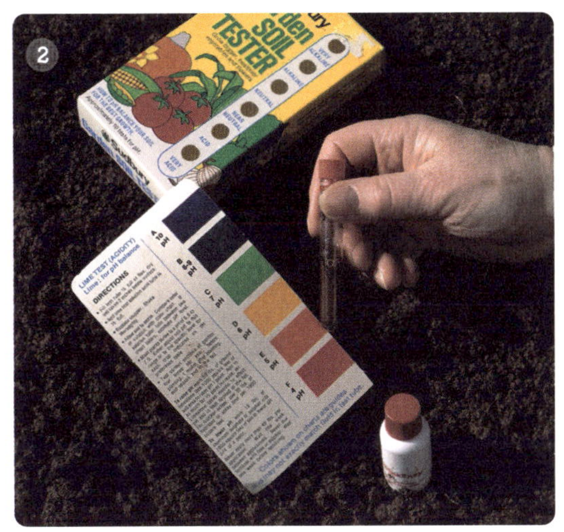

Schritt 1 - Gute Bodenkenntnisse

Die Art des Bodens spielt beim Anlegen eines Gartens eine entscheidende Rolle. Je nach saurem oder alkalischem Boden werden sich die Pflanzenarten unterscheiden. Im Handel gibt es nutzerfreundliche Sets für die Bestimmung des pH-Wertes im Boden ❷. Hierfür muss man einfach nur Bodenproben entnehmen, demineralisiertes Wasser hinzufügen und den im Set enthaltenen Teststreifen hineingeben.

Unter einem Wert von 6,5 ist der Boden sauer. Zwischen 6,5 und 7,5 ist er neutral. Wird ein Wert über 7,5 angezeigt, ist der Boden alkalisch.

DIE DRAINAGE EINES SCHWEREN BODENS SCHRITT FÜR SCHRITT

Für dieses Vorhaben wird dem lehmigen Boden Sand hinzugefügt (30 bis 50%), danach werden die für die Bepflanzung vorgesehenen Bereiche aufgestockt Hierfür fügt man eine Schicht von etwa 30 cm ebenfalls vermischter Erde der Stelle hinzu, die für das Pflanzbeet vorgesehen ist. Die Bereiche zwischen den Beeten wie Durchgänge, Wege usw. werden mit Kies sowie falls erforderlich Abflüssen zwischen dem Kies angelegt. Nach dieser Vorbereitung können im Garten Pflanzen angepflanzt werden, die an trockene und heiße Sommer gewöhnt sind. Das Wasser läuft nach unten durch. Schluss mit der Gefahr von Staunässe und erstickten Wurzeln.

Je nach Art der Wildgräser, die in wildem Zustand wachsen, kann man ebenfalls wertvolle Lektionen lernen. Heidekraut, Stechginster ❶, Sauerampfer, Fingerhut oder Birke sind Zeichen für einen sauren Boden. Ein kalkhaltiger Boden lässt sich dagegen an Klee, Eberesche, Kamille, Distel ❷ oder Kornblumen erkennen. Tendenziell kalkhaltige Böden kommen übrigens häufig rund ums Mittelmeer vor. Kalkmeidende Pflanzen werden dort ausgemerzt. Sie werden von der Kalkchlorose befallen (gelbliche Blätter) und würden tatsächlich eingehen. Auf sauren Böden können wiederum viel mehr Pflanzen gedeihen. Und auf neutralen Böden kann man praktisch pflanzen, was man will.

Die Bodenbeschaffenheit zu ändern, ist eine schwierige Aufgabe. Im Kampf gegen Kalk fügt man dem Boden Gartenkalk hinzu. Doch damit variiert der pH-Wert lediglich um einen Punkt, und die ursprüngliche Bodenbeschaffenheit wird sich sowieso wieder einstellen.

Das Ganze wird also zum Fass ohne Boden. Daher sollte man sich lieber anpassen und entsprechend angepasste Pflanzen auswählen, woran es jedenfalls nicht mangelt.

Nach der Bodenbeschaffenheit kommt seine Textur. Die Bodentextur zu bestimmen ist enorm wichtig, vor allem auch, wenn man Pflanzen haben möchte, die lange Trockenperioden überstehen sollen. Es gibt Böden, die kein Wasser speichern, und andere, in denen sich das Wasser über den Winter staut. Dieses Phänomen lässt sich mit Sand oder Ton im Boden erklären.

Sandiger Boden hat beispielsweise eine raue Textur und enthält leicht greifbare Partikel. Ein lehmiger Boden ist dagegen pappig. Er wird nach dem Regen klebrig wie Kinderknete. Schwere Böden trocknen im Sommer aus, reißen auf und werden hart wie Stein.

Welcher Boden passt zu Pflanzen mit Mittelmeerklima? Derjenige, der Wasser zurückhält, oder der, durch den wie bei einem Filter sämtliche Niederschläge durchrieseln? Man muss sich einfach nur die Landschaften in Griechenland, auf Korsika oder in anderen Regionen dieses Erdteils anschauen, um die Antwort zu erhalten. Denn auch wenn diese Pflanzen gelernt haben, der Doppelwirkung von starker Hitze und mangelndem Niederschlag zu trotzen, vertragen sie dennoch eines überhaupt nicht, nämlich mangelnde Drainage. Wasser, das nicht abläuft, sondern sich um die Wurzeln staut, lässt sie schließlich faulen.

Schlussfolgerung: Falls Ihr Boden tendenziell sandig ist, stellt das eine Chance dar, denn Pflanzen in diesen Regionen fühlen sich dort wohl, ohne dass Sie viel tun müssen. Handelt es sich dagegen um einen lehmigen Boden, müssen Sie gar nicht darüber nachdenken, ohne ein Minimum an Vorbereitung dort Pflanzen aus dem Mittelmeerraum hinzusetzen. Darauf sollte man unbedingt achten, denn ignoriert man dieses Problem, ist der Misserfolg gewiss.

Schritt 2 - Cleveres Gießen: Wie in der Natur!

In der Natur entwickeln Pflanzen zahlreiche Strategien, um sich ihrer Umgebung anzupassen. In Regionen mit sehr heißen Sommern ruhen sie in den Monaten intensiver Hitze und nutzen dann den Herbst, den Winter und einen Teil des Frühjahrs zum Wachsen. In dieser Zeit verankern die jungen Pflänzchen, wie bereits erwähnt, ihre Wurzeln auf der Suche nach Feuchtzonen tief im Boden. Es geht schlichtweg um den Überlebenskampf. An der Oberfläche passiert im Jahr nach der Keimung nicht sonderlich viel. Die wenigen neuen Blätter lassen nichts von dem erahnen, was unter dem Boden vor sich geht. Mitten im Sommer trockenheitsliebende Arten zu gießen hat daher einen ganz anderen Effekt als gewünscht.

In der heißen Jahreszeit sorgt man für Wasser, während es die Pflanzen normalerweise gar nicht bräuchten, da sie im natürlichen Umfeld zu dieser Zeit gar nicht wachsen. Das Ausbringen von Wasser hat außerdem zur Folge, dass sich am Fuß der Pflanze eine Feuchtzone bildet. Zahlreiche mediterrane Pflanzen vertragen das nicht. Am Wurzelhals (empfindlicher Bereich zwischen den Wurzeln und dem Anfang der oberirdischen Stängel) können dann Pilze und Krankheiten entstehen.

Um den natürlichen Ablauf so gut wie möglich nachzubilden, sollte man daher im Frühherbst pflanzen. So haben die Pflanzen die Möglichkeit, sich im noch warmen Boden einzurichten und dann den ersten Herbstregen zu nutzen, um ihre Wurzeln zu schlagen. Hat man hierfür nicht die Möglichkeit, wäre es manchmal besser, ein weiteres Jahr zu warten. Führt man die Pflanzung nämlich im Frühjahr durch, haben die jungen Pflanzen keine Zeit, sich anzupassen, und sind dem Trockenstress ausgesetzt, der manchmal fatale Folgen haben kann.

Schritt 3 - Richtig pflanzen

Egal, ob man Sträucher oder Stauden pflanzen will, man sollte den Pflanztopf in Wasser tauchen, bevor man die Pflanze in die Erde setzt. In der Regel ist der Wurzelballen dann feucht genug, wenn keine Luftblasen mehr aufsteigen.

Die Pflanze aus dem Gefäß (kleiner schwarzer oder grauer Kunststofftopf) zu befreien, kann sich als komplizierter erweisen als gedacht. Es kann vorkommen, dass sich die Wurzeln durch die Löcher unten am Topf gearbeitet haben und das Herausziehen heikel ist. Die äußeren Wurzeln kann man jedoch problemlos abschneiden! Trotzdem können sich Wurzeln, die zu lange in einem Topf waren, manchmal um sich selbst drehen und sogar einen Dutt bilden.

Pflanzt man die Staude oder den Strauch ein, ohne diesen Dutt zu entwirren, werden die Wurzeln sich weiterhin um sich selbst drehen und die Pflanze kann sich nicht richtig entwickeln. In unserem vorliegenden Fall, das heißt dem Einpflanzen in trockenem Boden, wirkt sich das umso negativer aus, als dass die Pflanze ihre Wurzeln niemals tief genug im Boden verankern kann, um autonom zu werden. So wird sie mit Sicherheit verdursten!

Unter diesen Umständen ist es besser, den Dutt vorsichtig zu entwirren. Dabei entrollt man ihn und löst nacheinander die Wurzeln. Bei einem fachkundigen Pflanzenzüchter, der seine Pflanzen regelmäßig umtopft oder spezielle Töpfe verwendet, tritt das Duttproblem kaum auf. Ein Grund mehr, die Pflanzen nicht einfach irgendwo zu kaufen!

Das Pflanzloch

Es sollte in alle Richtungen mindestens doppelt so groß sein wie der Topf. Aber das ist das Minimum, denn ein schön gelockerter Boden macht den Wurzeln das Wachstum im Boden einfacher. Wichtig ist, dass sich die Pflanze in der richtigen Tiefe befindet. Nicht zu tief und auch nicht zu flach. Tatsächlich sollte sie nach dem Einpflanzen dieselbe Höhe wie im Topf haben. Ist sie zu weit drin, wird sie im Winter faulen. Sitzt sie zu hoch, vertrocknet sie im Sommer. Man kann sich mit einer horizontal eingesetzten Stütze auf beiden Seiten des Pflanzlochs behelfen, um sicherzustellen, dass sich der Wurzelhals in der richtigen Höhe befindet. Ist die Pflanze eingesetzt, füllt man das Loch und drückt die Erde rund um den Ballen gut fest. Danach gießt man großzügig.

Der Pflanzabstand

Der zwischen den Pflanzen in einem Beet einzuhaltende Abstand hängt natürlich von der Größe der Pflanzen im ausgewachsenen Zustand ab. Sehr oft wird dieser Abstand in den Katalogen der Pflanzenzüchter oder auf dem Etikett am Pflanztopf angegeben.

Bei Stauden variiert der Abstand zwischen 20 cm und 100 cm. Kleine, 15 cm hohe Stauden begnügen sich mit 20 cm, während große mit 80 cm Höhe und mehr einen Meter benötigen, um sich richtig entfalten zu können. Zwischen diesen Extremen sollten Sie etwa 30 cm für gleich hohe Stauden und 40 cm bis 60 cm zwischen zwei Pflanzen einrechnen, wenn die geplante Höhe zwischen 50 cm und 80 cm schwankt.

Diese Angaben sind natürlich allesamt Richtwerte. Man sollte flexibel handeln, je nachdem, ob man eine dichte oder eine lockere Bepflanzung wünscht. Diese Angaben helfen dabei, dass man bei einer großen Anzahl kleiner Pflanzen in Töpfchen nicht aus den Augen verliert, dass einige zu echten Riesen werden können.

Bei Sträuchern variiert dieser Abstand je nach Sorte. Werden Sträucher zu eng nebeneinander gepflanzt, behindern sie sich und das Ergebnis ist enttäuschend. Jeder Strauch benötigt ausreichend Platz, um sich harmonisch entwickeln zu können. Man muss vor Augen haben, wie groß die ausgewachsenen Pflanzen werden. Nichts ist frustrierender, als immer wieder erbittert einen Sommerflieder oder eine schmalblättrige Ölweide schneiden zu müssen, die am falschen Platz eingepflanzt wurde und über uns hinauswächst. Oft werden die Umrisse der einen oder anderen Pflanze bei der Auswahl nicht berücksichtigt. So wird ein japanischer Schneeball verunstaltet, dessen gestufter Wuchs einer seiner wichtigsten Vorzüge ist. Oder man köpft unwiederbringlich Sträucher, die fälschlicherweise vor Fenstern gepflanzt wurden und bei denen jeder neue Trieb stört.

GRAS UNTERHALB VON JUNGPFLANZEN ENTFERNEN

Sowohl im Garten als auch außerhalb geht es immer nur um Konkurrenz. Setzt man eine Pflanze in die Erde, unterschätzt man oft, wie wichtig es ist, sie rundum sauber zu halten. Tatsächlich sollte am Fuß der Pflanze weder Unkraut noch irgendein sonstiges Gras wachsen. Denn oft beschließt ein riesiger Löwenzahn oder eine hässliche Quecke, genau da zu wachsen! Seien Sie unerbittlich, wenn Sie nicht wollen, dass das Wachstum Ihres Strauchs oder jungen Baumes darunter leidet.

Bringt man gleich beim Einpflanzen eine dichte Mulchdecke aus, löst dies das Problem. Im Handel gibt es auch Pflanzennetze aus biologisch abbaubaren Fasern, die man mit Hilfe von Klammern rund um die zu schützende Pflanze befestigt. Diese Netze halten ungefähr zwei Jahre. Für die richtige Entwicklung neuer Pflanzen ist es äußerst wichtig, die Erde um den Ansatz sauber zu halten. Dafür muss man einfach nur beobachten, wie sich Bäume verhalten, die auf einer Rasenfläche stehen und bei denen nach und nach Gras um den Fuß wächst.

Anstatt anständig zu wachsen, vegetiert die Pflanze vor sich hin, und das tut weh! Der Grund dafür liegt einzig und allein im Konkurrenzkampf, den sich die Wurzeln der Gräser und die des kleinen Baumes liefern. Denn im jugendlichen Stadium hat der künftige Baum keine besseren Mittel als die Gräser unterhalb von ihm, um Regenwasser oder Gießwasser aufzufangen.

Eine weitere schädliche Auswirkung von Gräsern unterhalb von Bäumen sind die Gefahren beim Mähen, oder noch schlimmer: der Rasentrimmer! Wie viele Bäume sind schon abgestorben, weil sie durch den schrecklichen gelben Faden verletzt wurden? Wenn man sich vorstellt, dass die Rinde eines Baums so ähnlich wie unsere Haut ist, versteht man besser, wie wichtig es ist, sie intakt zu halten. Zum Schluss gibt es nur entweder oder: Entweder pflanzt man nichts auf dem Rasen, oder man verzichtet nicht auf diese Freude (denn ja, es geht ja auch um Freude!) und bemüht sich, entsprechend zu handeln!

Nachhaltiges Gießen für gesunde Pflanzen

Diesen Reflex haben wir alle: Unseren Garten stoßweise mit geringen Wassermengen zu gießen, wenn man daran denkt, die Zeit findet oder, schlimmer noch, wenn ein bestimmter Strauch oder bestimmte Stauden tatsächlich schlecht dazustehen scheinen – doch dann ist es manchmal schon zu spät! Sobald die Erde feucht ist, geht's zum nächsten Beet und so weiter. Auf diese Art und Weise schwächen wir die Pflanzen, anstatt ihnen einen Dienst zu erweisen, und sie werden wasserabhängig. Wir haben vorher schon gelesen, dass Wurzeln sich in den Bereichen entwickeln, in denen die Erde feucht bleibt.

Gießen wir die Pflanzen aber nur oberflächlich, verhindern wir damit, dass sie in der Erde Wurzeln schlagen können. Diese Vorgehensweise ist also definitiv kontraproduktiv. Zusätzlich zu dem nicht sonderlich wirtschaftlichen Aspekt besteht die Gefahr, dass die Pflanzen bei Trockenheit und Wassermangel dahinsiechen, weil sie keinerlei Kraft zum Kämpfen haben. Man kann es nicht oft genug sagen: Wirklich nützlich ist eine ausgiebige Bewässerung in großen Abständen. Erhält die Pflanze eine große Menge Wasser, stellt man sicher, dass dieses Wasser den tieferen Teil im Boden feucht hält.

Die Wurzeln der Pflanze wachsen ganz natürlich in die Vertikale, was die Widerstandsfähigkeit im Härtefall stärkt. Diese Methode ermöglicht es in einer Zeit, in der Wasserbeschränkungen immer häufiger vorkommen, auch gegen Verdunstung anzukämpfen. Richtig zu gießen ist ausschlaggebend, um Zeit zu sparen und dabei auf die Gesundheit des Gartens zu achten.

Die automatische Bewässerung galt lange als Wunderlösung. Man programmierte alles, und ein Satz Schläuche verteilte regelmäßig Wasser am Fuß der Pflanzen. Beim Besprengen von oben wurde das Wunder schnell zum Albtraum. Zusätzlich zum verstärkten Phänomen der Verdunstung kommt hinzu, dass nur eine kleine Wassermenge den Boden nässt. Dieses Wasser bleibt an der Oberfläche, und die oberflächliche Feuchtigkeit in Verbindung mit Hitze begünstigt die Entwicklung von Krankheiten und Pilzen. Sollten die Bedingungen diese Art von Bewässerung erforderlich machen (in Wirklichkeit ersetzt nichts das Gießen von Hand in den ersten beiden Jahren eines Gartens oder einer Neupflanzung), wäre es besser, sich an den oben genannten Beispielen zu orientieren und eine lange Bewässerung am Fuß jeder Pflanze einzuplanen.
Als Anhaltspunkt gilt eine Wassermenge von 20 bis 50 Liter alle 14 Tage für einen Strauch. Für eine neu gepflanzte Staude müssen Sie zwischen 10 und 20 Liter rechnen. Um sicherzustellen, dass die große Wassermenge nicht verschwendet wird, bildet man eine Kuhle rund um die Pflanze. Die Größe dieser Kuhle hängt von der Art der Pflanze ab. Handelt es sich um einen Strauch, kann sie einen Durchmesser von 50 bis 60 cm haben. Diese Kuhle muss man nach Starkregen oder nach dem Winter regelmäßig neu formen. Befolgt man diese wenigen, einfachen Schritte, haben neue Pflanzen in einem Beet gute Chancen, sich vorteilhaft zu entwickeln. Anstatt sie von regelmäßigem Gießen abhängig zu machen, hat man es ihnen ermöglicht, ihre Fähigkeit zu entwickeln und die doppelte Kombination aus längeren Hitze- und Trockenzeiten zu ertragen. Sind sie ausgewachsen, wird es ihnen gelingen, selbst in regenfreien Monaten auf Wasser zu verzichten, außer es herrschen extreme Bedingungen.

Regenwasser: ein Geschenk des Himmels!

Zeichen der Zeit: Ältere Gartenbücher erwähnen nur selten, wie wichtig es ist, Regenwasser zu sammeln. Doch inzwischen ist bekannt, dass dieses Regenwasser eine Kostbarkeit ist, die es nicht zu vergeuden gilt. Und weil es meistens dann ausgiebig regnet, wenn man das Wasser nicht benötigt, sollte man sich so organisieren, dass man es für knappe Tage sammelt. Zumal sich dieses kalkfreie Wasser am besten zum Gießen eignet. Und es kostet nichts. Es wird in Tonnen gesammelt, die unterhalb von Regenrinnen stehen oder vergraben sind. Danach wird es einfach mit der Gießkanne oder einem speziellen Schlauchsystem entnommen. Es wird empfohlen, einen kleinmaschigen Siebfilter am Ausgang der Dachrinne zu installieren, damit sich die Regentonne nicht mit Blättern füllt. Es gibt Regentonnen von 300 bis 1000 Liter. Ist der Behälter unterirdisch installiert, kann er bis zu 5000 l fassen und einfach mit einer Pumpe versehen werden.

Die Installation einer direkt an die Dachrinne angeschlossenen Regentonne ist einfach und nicht teuer. In einem kleinen Garten kann man hierfür alte Zinkwannen verwenden und an verschiedenen Plätzen im Garten aufstellen. Sie werden überrascht sein, wie oft einige ergiebige Regenfälle ausreichen, um sie zu füllen. Danach ist es einfach, dieses Wasser zum Bewässern eines neu gepflanzten Strauchs oder einiger junger Petersilienpflanzen in der Nähe auszubringen.

Trocken oder nicht trocken?

Wenn man mit einem Garten startet, ist es nicht immer einfach zu erkennen, wann die Pflanzen durstig sind. Sicher ist jedenfalls, dass alle Pflanzen, die vor weniger als zwei Jahren gesetzt wurden, mehr Beobachtung benötigen als andere. Den Wurzeln noch junger Stauden und Sträucher muss man Zeit lassen, sich tief in den Boden einzugraben, um anschließend Trockenzeiten richtig aushalten zu können.

Unerfahrene Hobbygärtner gehen oft davon aus, dass ein richtiger Regenschauer ausreicht, damit der Boden gegossen ist und alle Pflanzen zufrieden sind. Doch das ist meistens nicht der Fall. Um sicherzustellen, dass es genug geregnet hat, kann man einfach einen Regenmesser installieren. Ich persönlich halte es von jeher für das beste Mittel, den Wasserbedarf meines Bodens zu erkennen, indem ich den Finger in die Erde stecke. Trockene Erde an der Oberfläche ist nicht weiter problematisch, doch wenn der Boden in 1 bis 2 cm keinerlei Spuren von Feuchtigkeit aufweist, muss man wachsam sein und notfalls eingreifen.

Bei dieser Gelegenheit möchte ich klarstellen, dass sich Trockenheit mit einem Monat ohne maßgebliche Regenfälle definieren lässt. Bei längerer Trockenheit ist man froh über ein gutes Gewitter. Aber Starkregen, der auf einen trockenen und kahlen Boden fällt, könnte ablaufen. Auf einem korrekt gemulchten Boden befeuchtet der Regen die Erde, wie es sich gehört, und zwar nachhaltig.

Wasser im Boden zurückhalten

Mulchen Sie, was das Zeug hält! Denkt man an einen Trockengarten, sieht man sofort Landschaften mit Olivenbäumen und Korkeichen auf kiesigen, glühend heißen Böden vor sich. In diesen Gegenden mangelt es schon so lange an Wasser, dass bereits viele Lösungen dagegen gefunden wurden.

Neu ist jetzt, dass aufgrund der Klimaveränderung immer mehr Gärtner in Regionen, in denen es vorher kein Wasserproblem gab, ihrerseits nach Lösungen suchen müssen, um den verheerenden Folgen langer Trockenzeiten vorzubeugen. Und nicht alle Gärtner mit diesem Problem haben unbedingt Lust oder die technischen Mittel, ihren Boden durchlässig genug zu machen, damit die auf den vorherigen Seiten erwähnten Pflanzenarten dort wachsen können.

Aber ein Boden, der im Sommer austrocknet, bei dem sich jedoch im Winter die Nässe staut (die Eigenschaft lehmiger Böden), passt weder zu sehr durstigen Pflanzen noch zu Mittelmeerarten, die zwar der Trockenheit Stand halten, deren Wurzeln jedoch allergisch auf winterliche Nässe reagieren.

Was also tun? Die Lösung ist die Anreicherung des Bodens mit organischen Stoffen und Mulchen.

Unbedingt den Boden bedecken

Der Hobbygärtner wird bald erkennen, dass ein unbedeckter Boden ein Fehler ist. Man muss einfach nur die Natur beobachten, um festzustellen, dass keine Fläche, und sei sie auch noch so klein, lange unbedeckt bleibt. Bei einer Runde im Wald oder in einem sich selbst überlassenen Gelände werden Sie feststellen, dass Blätter und kleine, von den Bäumen gefallene Zweige das Unterholz bedecken und dort zu einem fruchtbaren Humus ❶ verrotten, während anderswo alle möglichen Gräser sämtliche freien Flächen bevölkern, egal ob in der Sonne oder im Schatten. Kahlen Boden gibt es in der Natur nicht, daher muss die Devise lauten: Bedeckung des Bodens mit allen möglichen Mitteln.

Wozu dient das Mulchen?

Heute weiß man um die Bedeutung beim Mulchen des Gartens. Es handelt sich um diese Schicht aus organischen Stoffen, die man in den Beeten verteilt, damit kein Unkraut wuchert und verhindert wird, dass Regenwasser oder Gießwasser zu schnell verdunsten ❷.

Dieser Mulch bildet eine etwa 10 cm dicke Decke. Pflanzt man im Herbst, was in warmen Gegenden für die gute Verwurzelung vor dem Winter sinnvoll ist, sollte man mit dem Mulchen besser bis zum Beginn des nächsten Frühjahrs warten. Denn wird Mulch während der Monate mit viel Feuchtigkeit aufgetragen, läuft man Gefahr, eine schädliche Wirkung auf die Jungpflanzen zu erzeugen, die immer sehr empfindlich auf Fäulnis am Wurzelhals reagieren. Daher sollte man sie dieser Gefahr nicht unnötig aussetzen.

1

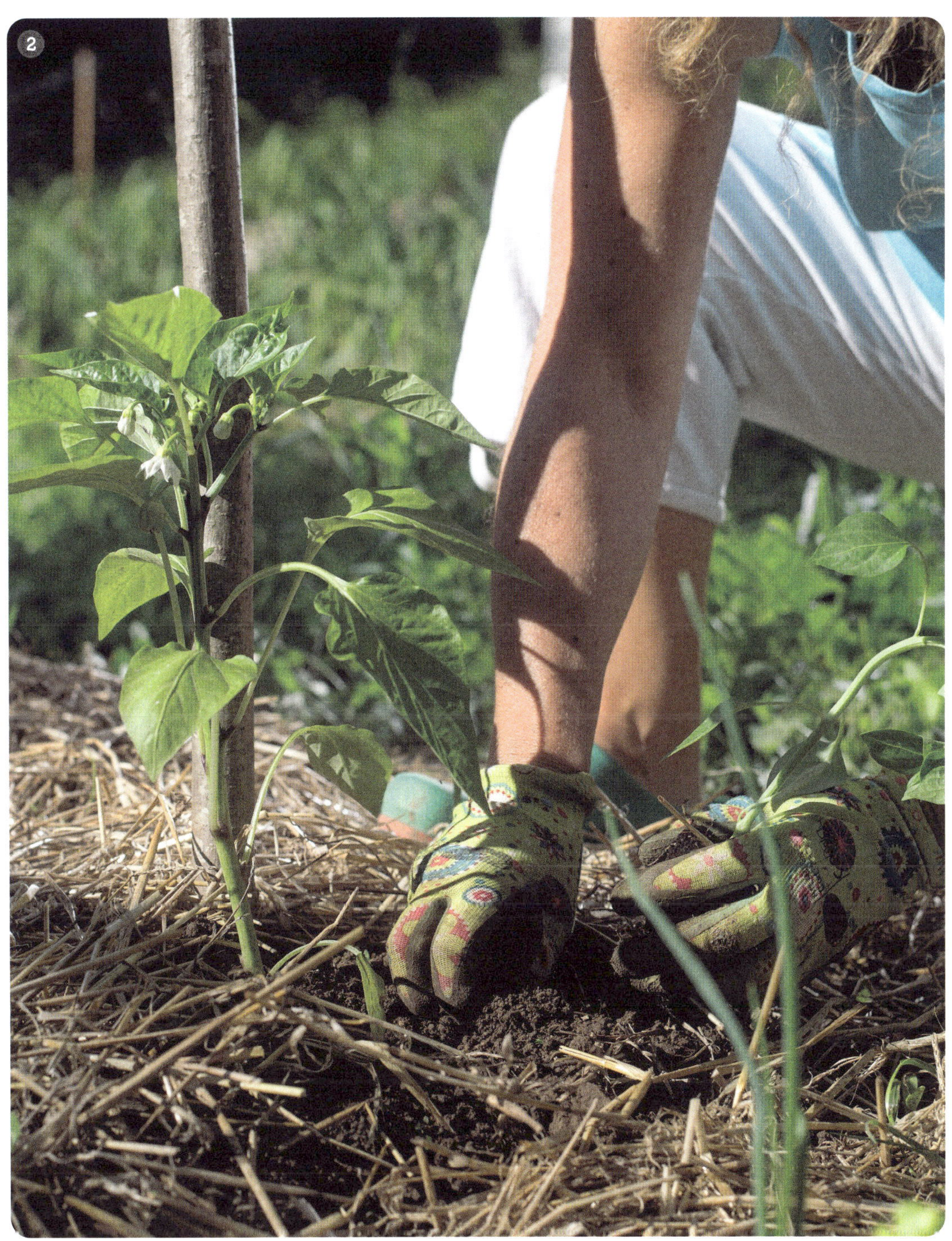
2

Bevor man auf die Erwärmung der Erde wartet, um zu mulchen (Miscanthus-Häcksel, Rindenmulch, Leinenstreu, Stroh ...), verhindern ein paar Arbeitsschritte mit der Hacke ❶ die Entstehung von Unkraut, das das gesunde Wachstum neuer Pflanzen ausbremsen würde. Je nach Region und Jahr kann der Zeitpunkt zum Mulchen variieren. Mulcht man etwas zu früh, ist das jedenfalls nicht so schlimm als zu spät. Auf einem trockenen Boden bringt Mulchen nichts, denn es könnte zusätzlich die umgekehrte Wirkung erzeugen und die Trockenheit an den Wurzeln verstärken.

Zusammenfassung: Man pflanzt im Herbst, hält in den Wintermonaten den Boden sauber und bringt den Mulch zu Beginn des Frühjahres aus. Anmerkung: Im Gemüsegarten haben zahlreiche Gemüsearten ein schwach entwickeltes Wurzelsystem. Für sie ist Mulchen ein Muss.

Mulchen, aber womit?

Es gibt verschiedene Arten von Mulch. Natürlich denkt man zuallererst an Stroh. Im Gemüsegarten sind Weizen- oder Haferstroh sehr nützlich, doch im Ziergarten sollte man es eher häckseln oder schneiden, damit es kleiner wird und einfacher auszubringen ist. Nach Möglichkeit sollte man es natürlich so einrichten, dass man einen Mulchvorrat aus pestizidfreien Stoffen hat.

Gemähtes Gras kann auch gesammelt und auf kahlem Boden ❷ nach einem kurzen Jäten am Fuß von Pflanzen oder Sträuchern ausgebracht werden. Aber man sollte niemals mehr als eine Schicht von maximal 3 – 4 cm haben, denn sonst gären diese Rasenreste und verbrennen die Pflanzen. Weitere Vorsichtsmaßnahme: Das Gras vor dem Ausbringen etwa 24 Stunden trocknen lassen.

1

2

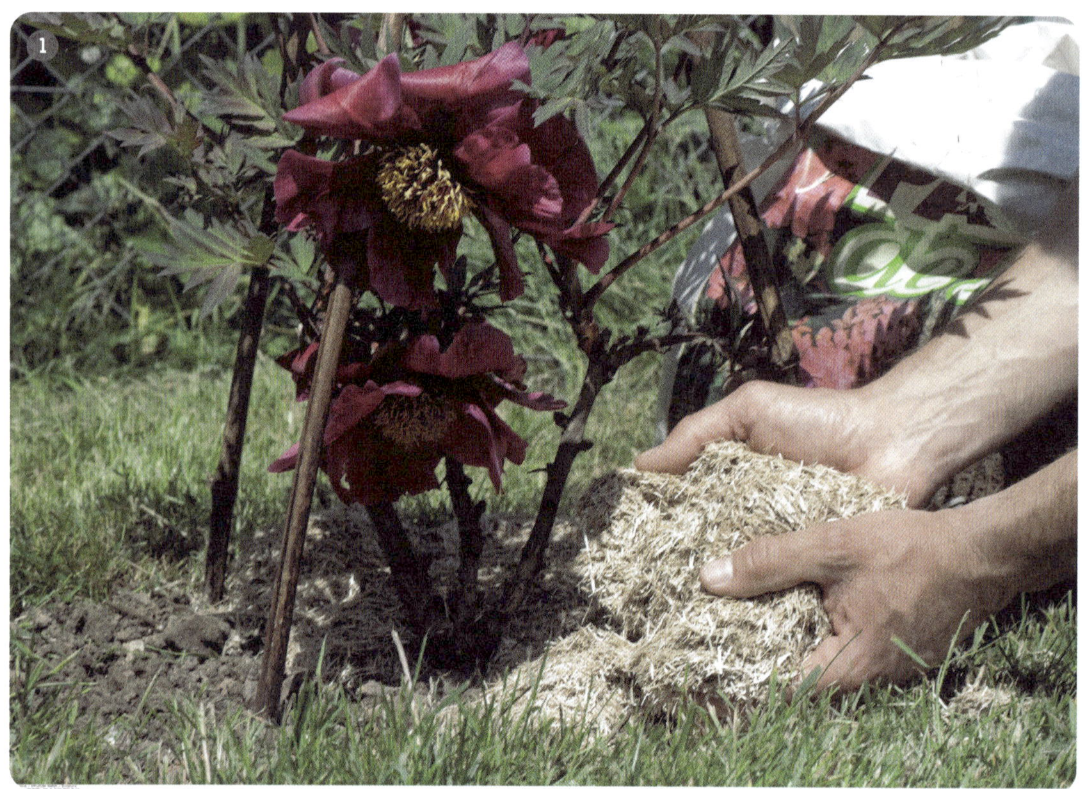

Trockenes Laub ist natürlich ein idealer Dünger, der dem Boden zusätzlich die Nährstoffe gibt, die er benötigt. Auch kleine und weiche Blätter können hierfür verwendet werden. Große, harte Blätter (Ahorn oder einige Eichen) sollten eher mit dem Rasenmäher zerkleinert werden. Sie sind dann einfacher zu verwenden.

Sie können sich auch Holzhackschnitzel besorgen, ein hervorragender Mulch aus der Forstwirtschaft in Form junger, gehäckselter Äste. Auch der Kauf eines Pflanzenhäckslers ist eine lohnende Investition für Eigentümer großer Gärten, die regelmäßig Schnitte durchzuführen haben (Hecken, Sträucher und anderes).

Gibt man Pflanzen in den Häcksler, die nicht auf den Komposthaufen gehören, kann man sicher sein, einen hochwertigen Mulch zu erhalten, der ebenso ästhetisch wie wirkungsvoll und dazu noch kostenlos ist. Unter diesen Umständen amortisiert sich die Anschaffung recht schnell.

Leinen- oder Hanffasern sind ein hochwertiger Mulch 1, der sowohl leicht ist als auch lange Zeit erhalten bleibt. Für große Flächen ist daher der oben erwähnte Strohmulch vorzuziehen.

Schalen von Kaffeebohnen bieten den Vorteil eines recht schnellen, qualitativ hochwertigen Humus. Doch aufgrund ihrer Herkunft aus weiter Ferne sollten wir auf den Einsatz lieber verzichten. Sollten Sie die Gelegenheit haben, sich Miscanthus-Häcksel ❷ zu besorgen, greifen Sie zu! Es legt sich leicht und ästhetisch in Lagen von 6–8 cm um Stauden und Sträucher und kann bei Bedarf ergänzt werden. Man kann es am Ende des Winters auch selbst herstellen, wenn man die trockenen Gräser vor dem Austreiben im Frühjahr abschneidetund ggf. häckselt.

Lange Zeit wurde in Gartencentern zum Mulchen nur die Rinde von Nadelbäumen angeboten ❸. Abgesehen davon, dass sie nicht verrotten, haben diese Rinden die negative Eigenschaft, den Boden zu übersäuern. Inzwischen weiß man, dass Koniferen eine Art Kohlenwasserstoff (Terpene) enthalten, der in gewisser Weise wie Unkrautvernichter agiert. Da ist es nicht verwunderlich, dass manche Böden, auf denen mehrere Schichten dieser Rinden ausgebracht wurden, an eine karge Wüste erinnern.

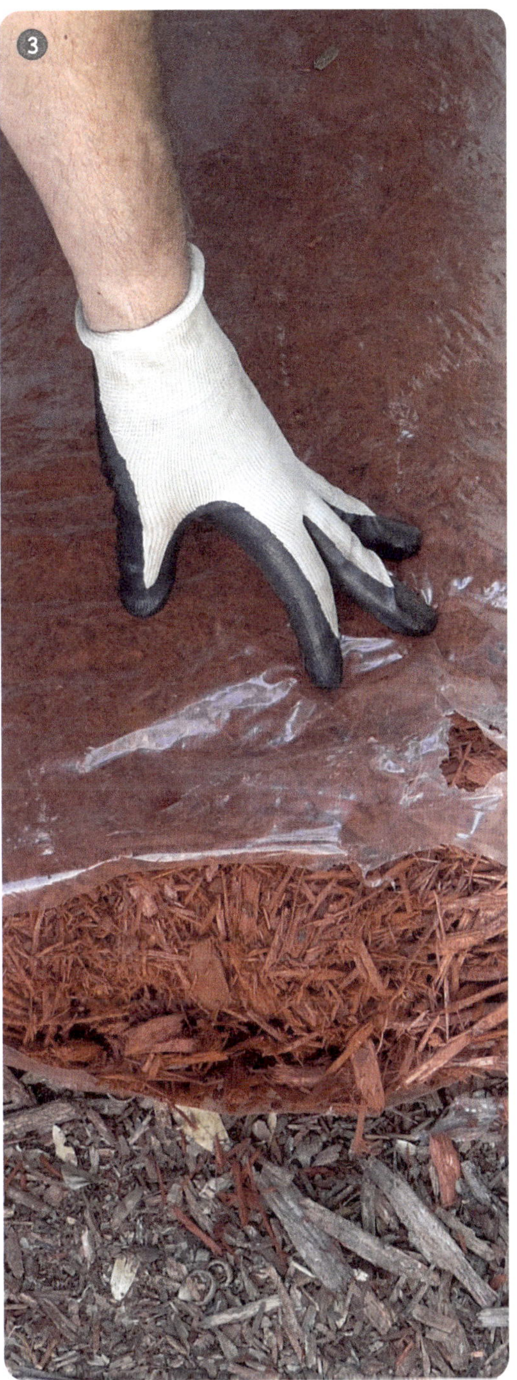

Mineralischer Mulch (Puzzolane oder Lavamulch ❶, kleiner Schiefer, Kies) ist sehr wirkungsvoll bei Pflanzen, die allergisch gegen winterliche Feuchtigkeit sind.

Er wird in einer 3 bis 5 cm dicken Schicht ausgebracht und schützt den Wurzelhals vor dem Faulen. Lavamulch wird in der Eifel abgebaut. Es entzieht dem Boden keine Nährstoffe, hat eine feuchtigkeitsdurchlässige Struktur, speichert jedoch auch gut Feuchtigkeit, und schützt vor Staunässe. Man mischt es schweren Böden bei, um sie leichter zu machen.

Hausgemachter Bodenverbesserer: Kompost ist Gold wert!

Heute gärtnert man nicht mehr, ohne im Rahmen des Möglichen den eigenen Kompost herzustellen ❷. Es gibt nichts Besseres für die Abfallverwertung, bei der ein wertvoller Bodenverbesserer zur Anreicherung der Erde entsteht. Jeder kann Kompost herstellen. Dabei sammelt man Pflanzenreste aus dem Garten sowie einige sonstige Reste aus der Küche.

Aus dem Garten: Rasenschnitt (nach dem Trocknen und nicht in großen Haufen), verschiedene Schnittreste, verwelkte Blumen, Blätter, eventuell Dung, verschiedene Stängel ... Aus der Küche: weder Fett noch Stoffe tierischen Ursprungs (außer Eierschalen), jedoch Schalen und Blätter sämtlicher Obst- und Gemüsesorten, Kaffeesatz und sogar Papier, vorausgesetzt, es ist tintenfrei.

In einer schattigen Ecke des Gartens sammelt man diese Abfälle auf einem Haufen, der theoretisch nicht größer als 1 Meter auf 1 Meter sein sollte. Dasselbe gilt für die Höhe. Es ist wichtig, dass das Fundament dieses Komposthaufens direkten Kontakt zur Erde hat, damit alle möglichen kleinen Tiere am Festgelage der Verrottung teilnehmen können. Dann bildet man abwechselnd Schichten aus trockenen und feuchten Stoffen, und sollte das Ganze zu trocken erscheinen, wird es begossen. Tatsächlich sollen die Pflanzenmaterialien durch Oxidierung verrotten. Damit alles richtig verrotten kann, sollte man für eine gute Belüftung des Kompostlagers sorgen. Lieber sollte man mehrere nicht zu große Haufen bilden, als einen einzigen, auf dem die Stoffe ersticken könnten.

Es ist zudem ratsam, für eine gute Belüftung und eine schnellere Verrottung das Ganze etwa alle zwei Monate zu wenden.

2

Nach etwa sechs Monaten erhält man einen reifen idealen Kompost, der sich bestens für die Ernährung von Blumen oder Gemüsepflanzen eignet. Hebt man diesen Kompost durch die Auflockerung der bepflanzten Flächen in Lagen von 5 cm unter, begünstigt man zudem die Speicherung von Wasser im Boden. Sobald man diesen natürlichen Dünger ausgebracht hat, bedeckt man ihn mit Mulch. Diese Arbeit sollte vorzugsweise im Frühjahr erledigt werden. Auf tendenziell sandigen Böden wird so die Konservierung von Nährstoffen in der Höhe der Wurzeln ermöglicht.

Wie verändert man die Struktur eines Bodens?

Man muss sagen, dass man nur selten auf Gärtner trifft, die mit der Qualität ihres Bodens voll zufrieden sind. Die ideale Erde muss krümelig, reich an organischen Stoffen, perfekt entwässert, aber gleichzeitig in der Lage sein, Nährstoffe zurückzuhalten. Einen solchen Boden gibt es sicherlich, doch in den allermeisten Fällen entspricht diese Beschreibung nicht der Realität. Derjenige, der einen lehmigen Boden hat, beschwert sich darüber, dass er im Sommer schwer zu bearbeiten und im Winter klebrig ist. Die hohe Feuchtigkeit kann die Wurzeln in der kalten Jahreszeit ersticken und schließlich die Entwicklung der Bepflanzung im Frühjahr verlangsamen. Und wird es dann heiß, ist eben diese Erde schwer zu bewässern, da das Wasser an der Oberfläche abläuft, ohne wirklich in den Boden einzudringen. Mit der Zeit könnte man fast vergessen, dass ein lehmiger Boden reich an Nährstoffen aller Art ist und dass man einfach nur Sand und massig organische Stoffe (Kompost und Mulch) hinzufügen muss, um ihn – langsam – gefügiger und arbeitsfreundlicher zu machen.

Im Gegensatz dazu lässt ein kiesiger, extrem sandiger Boden einen Gärtner verzweifeln, der dort eine breite Palette an Gemüsesorten oder Blumen pflanzen möchte. Denn einem solchen Boden fällt es schwer, korrekt Wasser und unersetzliche Nährstoffe zu speichern.

In diesem Fall ist die Lösung ebenfalls das Beimischen organischer Stoffe. Nehmen Sie gut verrotteten Mist, Brauntorf, verschiedene Stoffe wie beispielsweise Grünabfälle, den eigenen Kompost und mischen Sie alles nach und nach nährstoffarmen Böden bei. Das führt zu einer schrittweise erfolgenden Verbesserung des Geländes.

Für eine verbesserte Wasserspeicherung im Boden greifen manche Gärtner noch auf Bentonit zurück, ein sackweise angebotener Ton, der entweder im Frühjahr oder Anfang Herbst in den Boden eingearbeitet wird ❶. Bentonit sorgt ebenfalls für die Senkung des pH-Wertes kalkhaltiger Böden. Für einen guten Wirkungsgrad muss man ein Verhältnis von etwa 5 kg Bentonit pro 10 Quadratmeter einplanen. Die Verwendung ist daher eher ganz bestimmten Gartenbereichen wie Blumen- oder Gemüsebeeten vorbehalten.

Die richtige Nutzung von Bodendeckern

Begrünte Flächen ❷ sind gierig nach Wasser. Um zu jeder Jahreszeit einen schönen grünen Rasen zu haben, begnügte man sich lange Zeit mit der Installation von Rasensprengern, die man regelmäßig einschaltete, ohne sich um die Wasserverschwendung zu sorgen. Und das war durchaus normal, denn damals war Wasser nicht rar. Jetzt, wo sich die Zeiten geändert haben, ist es mehr als notwendig geworden, das Ganze zu überdenken. Eine der vorgeschlagenen Lösungen sind größere Abstände beim Mähen auf einem Teil des Geländes.

Lässt man Gras einfach wachsen und schneidet es erst zum Ende des Sommers, befreit man sich von der lästigen Pflicht des Rasenmähens und zieht gleichzeitig eine kleine nützliche Tierwelt in Form von Bestäubern an. Damit man sich inmitten dieser kleinen Brache in Form einer Schmetterlingswiese frei bewegen kann, mäht man einfach nur einen kurvigen Weg, auf dem man sich bei heißem Wetter nicht um etwas trockenes Gras sorgt.

Eine andere Lösung wäre, Rasenflächen durch Bodendecker zu ersetzen. Sie wurden bisher zu wenig verwendet, leisten dem Gärtner jedoch wertvolle Dienste. Oft handelt es sich um buschweise gepflanzte Stauden, die sich einfach verbreiten und nur wenig Pflege benötigen verglichen mit den Stauden, die extra für den Erhalt eines grünen Rasens angeschafft wurden.

Bodendecker ❶ bilden regelrechte lebendige Mulchdecken, die für Frische im Boden sorgen und vor der Erosion aufgrund von Wind oder Starkregen schützen. Was die Bewässerung angeht, muss man wissen, dass ein Rasen etwa drei Mal mehr Wasser benötigt als derselbe mit Bodendeckern bepflanzte Bereich. Und schließlich ist die Welt der Bodendecker spannend, vielseitig, abwechslungsreich. Schönes Blattwerk, attraktive Blüten, Bienenweiden (in Zeiten echter Bedrohungen für das Überleben von Bienen sehr wichtig): also allesamt Gründe, unsere Gewohnheiten zu ändern.

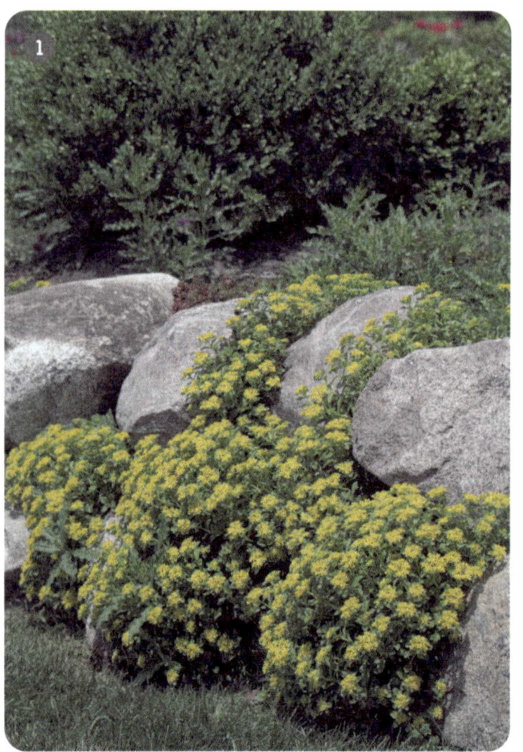

Ganz klar: Keine große Revolution (Rasen ist in Bereichen, die regelmäßig betreten werden, unersetzlich), sondern vielmehr eine Gelegenheit, unsere Vorstellung von Gartenflächen auf intelligente Weise zu überdenken ❷.

Damit die Bodendecker ihre Aufgabe unter optimalen Bedingungen erledigen können, ist es einmal mehr entscheidend, sein Gelände zu kennen. Art des Bodens (sauer, neutral oder kalkhaltig), Struktur (sandig oder lehmig), Lage, Niederschlagsmenge – allesamt Faktoren, die man bei der Auswahl der richtigen Sorten berücksichtigen muss.

Um sich die Arbeit im Garten zu erleichtern und unnötige Arbeiten zu vermeiden, sollten wir bedenken, dass es enorm wichtig ist, entsprechende Pflanzen auszuwählen und nicht das Gelände einer Sorte anzupassen, die man um jeden Preis anpflanzen will.

Es gibt so unglaublich viele wunderbare Pflanzen, dass man sich nur schwer vorstellen kann, dass man trotz der Einschränkungen aufgrund des Bodens oder der Ausrichtung nicht fündig werden könnte.

Das größte Problem ist sicherlich trockener Schatten, denn oft geht es darum, einen Bereich unter Bäumen zu verschönern. Tatsächlich ist es nicht ganz einfach, Pflanzen zu finden, die wirkungsvoll gegen die Konkurrenz von Wurzeln kämpfen können. Aber auch hier gilt: Wenn Sie sich die Zeit nehmen, die kräftigsten Arten auszuwählen, und den Neuankömmlingen zunächst helfen (Abdeckung mit Blumenerde und verrottetem Mist, eventuell Installation eines provisorischen Tropfschlauchs, um den Pflanzen bei der Eingewöhnung zu helfen), wird es möglich sein, ein zufriedenstellendes Ergebnis zu erzielen.

Wie so oft beim Gärtnern kann man mit dem Ratschlag von Fachleuten (spezielle Pflanzenzüchter, Landschaftsgärtner usw.) Zeit sparen und einige Fehler vermeiden. Zum Beispiel, seinen Garten mangels Erfahrung für übergriffige Bodendecker zu öffnen. Das gilt insbesondere für manche dekorative Dornensträucher (Rubus rolfei 'Emerald carpet'), kleine Bambuspflanzen als Rasenersatz (Zwergbambus), Immergrün oder aber gewöhnlicher Giersch Aegopodium podagraria 'Variegatum' ❸, diese Planierraupe mit den Sellerieblättern, die schon zum echten Albtraum zahlreicher Gärtner geworden ist. Je nach Milieu kann es auch sein, dass Pflanzen, die anderswo relativ harmlos sind, in einem bestimmten Umfeld plötzlich eine ungeahnte Kraft entwickeln, wie z.B. Taubnesseln (Lamium). Doch Sie können beruhigt sein, in den meisten Fällen meistern Bodendecker ihre Aufgabe mit Bravour, und für viele Hobbygärtner, denen es an Zeit für die Pflege ihres Gartens mangelt, sind sie die ideale Lösung!

3

Zehn Bodendecker für trockenen Schatten

An trockenen Schattenplätzen wie unter Bäumen, am Fuß einer Mauer oder aber oberhalb eines Dachs sollte man Sorten auswählen, die lange Zeit ohne Wasser auskommen können. Beim Pflanzen sollte man dennoch auf eine satte Schicht Humusboden achten, reichlich gießen und dann sorgfältig mulchen. Wenn Sie nicht sicher sind, ob Sie die Erde feucht halten können, bis die Jungpflanzen Wurzeln geschlagen haben, sollten Sie einen Tropfschlauch verlegen, den Sie im ersten Jahr an Ort und Stelle belassen.

Buglossoides purpureocærulea. Hülsenfrüchtler.

Höhe: 30 cm. Sonne. Halbschatten und Schatten.

Die langen Stängel dieses Bodendeckers nehmen den Konkurrenzkampf mit Baumwurzeln auf, sie sind mit einem eleganten graugrünen Blattwerk versehen, das sich rau anfühlt. Die Blüten sind rot, werden bläulich und blühen von April bis Juni.

Duchesnea indica. Rosengewächs.

Höhe: 10 cm. Sonne. Halbschatten und Schatten.

Der auch Scheinerdbeere genannte Bodendecker eignet sich hervorragend für große Flächen. Das dunkelgrüne Blattwerk hat im Mai kleine gelbe Blüten, danach kommen die Früchte – eine Vielzahl lustiger kleiner, nicht essbarer Erdbeeren, die sich zum Himmel aufrichten und lange erhalten bleiben.

Euphorbia amygdaloides var. robbiae. Wolfsmilchgewächs.

Höhe: 60 cm. Halbschatten und Schatten.

Im Gegensatz zu den meisten Wolfsmilcharten fühlt sich diese Gattung im Schatten wohl. Sie hat immergrüne, glänzend dunkelgrüne Blätter und zwischen April und Juni gelbgrüne Blütenstände. Manchmal braucht sie etwas lange für die Eingewöhnung, entwickelt sich dann aber schnell und kann einnehmend werden. Die kräftigen Wurzelstöcke machen sie zu einem Bodendecker, der sich kargen Standorten anpassen kann.

1

2

2

4

Hedera helix. Efeu.

Halbschatten und Schatten.

Efeu hat keinen sonderlich guten Ruf, was schade ist. Man wirft ihm vor, Bäume eingehen zu lassen und Hauswände zu beschädigen. Das sind recht übertriebene Anschuldigungen. Als Bodendecker unter Bäumen bildet er einen großflächigen und zuverlässig robusten Teppich. Bei der Pflanzung reicht es, die Stängel mit u-förmigen Nägeln im Boden zu befestigen, damit der Efeu Wurzeln schlägt. Durch das gelegentliche Ausbringen von Hornspänen behält er seine Form.

Für diejenigen, die den guten alten Efeu zu gewöhnlich finden, gibt es eine schier unendliche Auswahl an Sorten mit wirklich originellen Blättern, weiß oder gelb gesprenkelt oder einfach unifarben. Grund genug, seine Meinung zu ändern! Und wenn man nicht will, dass Efeu an Bäumen emporwächst, muss man einfach die wenigen Triebe abreißen, die sich auf dem Stamm breitmachen. Also nicht sonderlich kompliziert!

6

Lamium. Lippenblütler.

Höhe: 25 cm. Halbschatten und Schatten.

Aufgrund der doppelten Wirkweise der Rhizome und Ausläufer verbreiten sich Taubnesseln schnell. Durch die Farbmischung ihrer Blätter ergeben sie schöne Bodendecker. Die Blüten entstehen im April und halten bis zum Beginn des Sommers. Es handelt sich um eine kräftige Staude, die nicht neben zarteren Arten gepflanzt werden sollte, da sie diese verdrängen würde. Auch zu enge Plätze sind nicht ideal. Bei bestimmten Bodenarten können sie recht einnehmend werden.

5

Liriope. Liliengewächse.

Höhe: 5 bis 50 cm Halbschatten und Schatten.

Liriope sind aufgrund ihrer fleischigen Wurzel recht trockenresistent. Das Blattwerk wächst gerade, ist halbimmergrün oder immergrün. Die Pflanze bildet dichte Büschel mit blau-malvenfarbenen Ähren in der zweiten Sommerhälfte. Es handelt sich um eine zuverlässige Pflanze, die lange hält und die man in großen Mengen in einem schattigen Bereich des Gartens pflanzen kann. Sie passt außerdem hervorragend zu anderen, ähnlichen Bodendeckern. Es gibt eine sehr elegante weiße Sorte, die Liriope muscari („Monroe White"), die sich zurückhaltender entwickelt.

7 *Pachysandra terminalis. Buchsbaumgewächse.*

Höhe: 25 cm. Sonne. Halbschatten.

Leider wird dieser Bodendecker selten verwendet. Er hat ein originelles, glänzendes, festes und leicht gezacktes Blattwerk. Außerdem ist er immergrün und daher zu jeder Jahreszeit interessant. Er hat unterirdische Ausläufer, kann sich deshalb auf Schattenzonen und sogar auf zu Recht als schwierig geltenden Flächen unter Bäumen schnell ausbreiten. Im Mai und Juni hat die Pflanze weiße Blüten, doch interessant ist diese Staude tatsächlich aufgrund ihres Blattwerks. Pachysandra terminalis 'Variegata' hat schöne grüne Blätter mit weißen Rändern. Dieser Cultivar verhält sich besonnener als die eigentliche Art.

8 *Rhodotypos scandens.*

Höhe: 25 cm. Sonne. Halbschatten.

Achtung, eine harte Nuss! Dieser Bodendecker kommt selbst mit den schwierigsten Situationen klar. Karge Böden, Trockenheit, Wurzelkonkurrenz, gleißende Sonne oder tiefer Schatten ... Ein schönes, gezacktes Blattwerk, geschwungener Wuchs und weiße, feine Blüten zu Ende des Frühjahrs machen diesen Bodendecker, der gar nicht so nah am Boden ist, zu einem wertvollen Verbündeten im Garten.

9 *Vinca. Hundsgiftgewächse.*

Höhe: 15 bis 30 cm. Sonne. Halbschatten.

Das Immergrün ist wohlbekannt und dient zur Befestigung des Bodens an Böschungen sowie zur Bedeckung schattiger Bereiche. Man unterscheidet zwischen Vinca major und Vinca minor, aber sowohl das große als auch das kleine Immergrün breitet sich auf die gleiche Art und Weise aus, mit kriechenden Zweigen, die nach und nach eine dichte, undurchdringliche Decke bilden. Die Blätter sind immergrün und die Blüten anspruchslos und fein in einem schönen, angenehmen Blau. Es gibt auch Arten mit weißen Blüten (Alba) oder purpurnen Blüten (Atropurpurea). Zu erwähnen ist die hohe Widerstandskraft auf Kalkböden.

10 *Waldsteinia ternata. Rosengewächse.*

Höhe: 15 cm. Halbschatten und Schatten.

Kräftige Staude aus Sibirien, die sich aufgrund der doppelten Wirkweise der Rhizome und Ausläufer ausbreitet. Die halbimmergrünen, dreilappigen, intensiv grünen Blätter dienen im Frühling zahlreichen kleinen leuchtendgelben Blütentrauben, die an Erdbeerblüten erinnern, als Hintergrund. Es handelt sich um einen recht niedrigen Bodendecker, der unter Bäumen gepflanzt wird und dort den Rasen ersetzen kann.

Zehn Bodendecker für direkte Sonneneinstrahlung

Ceanothus thyrsiflorus var. repens. Kriechende Säckelblume.

Höhe: 90 cm.

Die Säckelblumen, elegante Sträucher, die aus Kalifornien stammen, lieben gut entwässerte, tendenziell sandige Böden. Diese kriechende Form entwickelt im Frühjahr schöne blassblaue Blütenrispen. Die immergrünen Blätter glänzen. Sie kann an Böschungen oder für die Bedeckung von Mäuerchen eingesetzt werden. Gut angewachsene Pflanzen trotzen hervorragend der Trockenheit. Doch ein Boden, der zu lange feucht bleibt, führt letztendlich immer dazu, dass die Wurzeln faulen.

Centranthus ruber. Baldriangewächse.

Höhe: 70 cm.

Baldrian ist einfach zu pflegen. Er hat sich bestens trockenen Böden angepasst. Die Blütenbüschel werden mit der Zeit breiter und die Pflanze sät sich großzügig aus. Die ergiebige Blütezeit beginnt ab Mai und hält bis in den September. Der duftende Baldrian hat rosafarbene oder weiße Blütenstände. Der Boden muss gut entwässert sein, sonst geht Baldrian ein. Als Bodendecker wird er am häufigsten an Böschungen oder auf abschüssigem Gelände eingesetzt.

Cerastium tomentosum.

Höhe: 20 cm.

Das Hornkraut sucht seinesgleichen, wenn es darum geht, an trockenen Hängen große Büschel zu bilden. Die samtigen, immergrünen Blätter sind weißlich grau, was die Pflanze fast ganzjährig attraktiv erscheinen lässt. Die weißen, sternförmigen Blüten sind ab Anfang des Sommers zu sehen, und bis in den September hinein wachsen immer neue nach.

Diese Pflanze breitet sich schnell aus. Nach der Blütezeit sollte sie geschnitten oder gemäht werden, damit sie wieder sauber und ordentlich aussieht. Pflanzt man andere Stauden um sie herum, sollte man ebenso große und vor allem ebenso starke Pflanzen nehmen, damit sie nicht ersticken.

Cotoneaster dammeri.
Höhe: 40 cm. Breite: 1,60 m

Es gibt zahlreiche Mispelarten, einige hoch gewachsen, andere niedrig und wieder andere sehr ausladend wie diese. Die Teppichmispel wächst schnell und wird oft an Hängen eingesetzt. Leider spielt sie bei Pflanzungen im Stadtgebiet noch immer keine größere Rolle und wird oft auf engem Raum gepflanzt, wo sie dann stark zurückgeschnitten werden muss. Das ist schade, denn lässt man sie normal wachsen, bildet sie einen dichten, sehr interessanten Pflanzteppich. Anfang des Sommers bilden sich bei Bienen beliebte kleine weiße Blüten und im Herbst eine Vielzahl kleiner roter Früchte, die die Pflanze interessant machen. Die Blätter sind immergrün. Die Pflanze benötigt einen entwässerten Boden. Ist die Teppichmispel einmal im Boden, entwickelt sie eine unvergleichliche Widerstandskraft.

Diervilla lonicera.
Höhe: 90 cm. Breite: 2,50 m.

Achtung: Planierraupe! Dieser Cousin des Geißblatts aus dem Mittleren Westen und Nordosten Amerikas wächst auf entwässerten, nicht kalkhaltigen Böden. Er trotzt Trockenheit nicht nur, sondern liebt sie sogar!

Dank kräftiger Rhizome wächst die sehr kraftvolle Pflanze schnell. Ovale Blätter und schwefelgelbe Blüten. Dieser unter bestimmten Umständen nützliche Bodendecker muss jedoch sorgfältig ausgewählt werden. Regelmäßiges Schneiden sowie Rhizomsperren verhindern, dass die Pflanze an Orten Schösslinge treibt, an denen sie nicht erwünscht ist.

Geranium spp. Storchschnäbel
Höhe: 30 – 40 cm

Kleine, stets nützliche Erinnerung: Allgemein als Geranien bezeichnete und auf Balkonen verwendete Pflanzen sind in Wirklichkeit Pelargonien. Die Familie der mehrjährigen Geranien ist sehr groß. Es handelt sich um robuste Pflanzen, die mit der Zeit riesige flache Kissen bilden können. Sie blühen blau, weiß oder rosafarben, und viele werden als Bodendecker oder zur Verzierung kahler Flächen zwischen Büschen verwendet.

4

5

In der Regel rät man zu Recht dazu, die Büschel nach der ersten Blüte zurückzuschneiden, um den Nachwuchs anzuregen und eine zweite Blüte genießen zu können. Unter den trockenresistenten Geranien gilt es, die Geranium cinereum, Geranium macrorrhizum (starker Duft der Blätter nach Kampfer), Geranium 'Philippe Vapelle' (sehr schöne hellblaue Blüten) oder aber die Geranium sanguineum zu nennen.

Pleioblastus spp. Bambus.

Höhe: 20 cm bis 1 m.

Sobald Sie „Bambus" sagen, werden die meisten Hobbygärtner Angstschreie ausstoßen. Tatsächlich kann es zu bösen Überraschungen kommen, wenn man Bambus einfach irgendwo pflanzt. Bambusse sind Flachwurzler, und werden sie einfach so in städtischen Gärten oder an ungeeigneten Stellen gepflanzt, können sie schnell aus dem Ruder laufen und lassen sich dann nur schwer ausquartieren. Zum Glück verhalten sich nicht alle Bambusse gleich. Einige bleiben als Büschel stehen und treiben nur langsam aus. Sie werden „Cespitosus" genannt. Hierzu gehört der Schirmbambus. Als Bodendecker werden natürlich flachwurzelnde Bambusse bevorzugt. Dabei genügen einige wenige Vorkehrungen, damit alles klappt. Ein regelmäßig gemähter Rasen oder ein zementierter Weg verhindern in der Regel, dass Bambus „aus dem Ruder läuft". Eine unterirdische Rhizomsperre rund um den betroffenen Bereich sorgt dafür, dass der Ausreißer an Ort und Stelle bleibt. Denn es wäre schade, auf Bambus zu verzichten, der in einem Garten oder Park sofort für exotischen und anmutigen Flair sorgt. Unter den Zwergbambussen, die einen wirkungsvollen Bodendecker bilden, gilt es, den Pleioblastus pygmaeus (15 – 25 cm), P. humilis oder aber P. variegatus (1 m) mit dunkelgrünen, weißgestreiften Blättern zu nennen. Die kleinwüchsigen Sorten können manchmal eine interessante Alternative für einen Rasen sein.

Sedum spp. Dickblattgewächse.

Höhe: 3 bis 30 cm.

Seda oder Fetthennen sind perfekte Pflanzen für entwässerte, kiesige Böden. Am schönsten sind sie, wenn sie die Köpfe in die Sonne strecken können und ihre Wurzeln im Trockenen sind. Es gibt sehr unterschiedliche Arten, wie den winzig kleinen Sedum acre (Mauerpfeffer), der maximal 5 cm hoch wird, sich jedoch rasend schnell ausbreitet, sogar auf Sand. Oder aber größere, wie die bekannte 'Matrona' (60 cm), die wegen ihrer breiten, kupferroten Büschel beliebt ist und die im Sommer schöne rosafarbene Blütenstände hat. Zwischen diesen beiden Extremen gibt es eine breite Palette, und die Entscheidung könnte schwerfallen. Es gibt schöne Fetthennen mit auffallend bläulichen Blättern (siehe Sedum pachyclados, 10 cm) und andere mit grün, weiß und rosa gesprenkelten Blättern (Sedum spurium 'Varegatum', 10 cm). Allen Seda gemeinsam sind die fleischigen Blätter, die dafür sorgen, dass die Pflanzen sehr hohen Temperaturen trotzen.

8

Symphoricarpos x chenaultii 'Hancock'. Schneebeere.

Höhe: 80 cm.

Eine Schneebeere ist sicherlich nichts für kleine Gärten, die sie schnell vereinnahmen würde. Aber auf großen Flächen, für die Bepflanzung von Abhängen oder unschönen Böschungen ist der Mischling durchaus eine Option. Die Bepflanzung erfolgt so ziemlich in alle Richtungen und bildet schließlich hängende Pflanzkissen, bei denen am Ende des Sommers dunkelgrüne Blätter mit zahlreichen kleinen weiß-rosa Beeren konkurrieren. Dann verwandelt eine Vielzahl rosafarbener Beeren das Ganze aufs Schönste bis zum Beginn des Winters. Die Jungpflanzen müssen gut gegossen werden, bis sie richtig angewachsen sind. Danach ist die Pflanze genügsam, selbst bei Trockenheit.

9

10

Thymus spp. Thymian. Lippenblütler.
Höhe: 15 bis 30 cm.

Egal, ob Thymian als Strauch oder Pflanzenteppich wächst, es gefällt ihm auf einem drainierten Boden. Pflanzung in der Sonne erforderlich. Die immergrünen, aromatischen Blätter riechen herrlich, wenn man sie reibt. Sie können gräulich, dunkelgrün oder sogar goldgelb sein. Die verschiedenen Thymiansorten ermöglichen es, eine bunte Szenerie entstehen zu lassen, deren Blütezeit nur kurz währt. Thymiansorten können schöne Pflanzkissen entlang eines Wegs bilden oder an wenig beanspruchten Stellen als Rasenersatz dienen; daher sollte man nicht zu sehr darauf herumtreten.

Weiterer Vorteil: Bienen sind verrückt nach Thymian! Zu den sehr wirkungsvollen Bodendeckern gehören Thymus herbabarona (8 cm hoher Halbstrauch, sehr dichtes Blattwerk mit purpurrosa Blüten) und T. citriodorus 'Aureus' (eine deckende Sorte mit kleinen, runden, gelbgefleckten Blättern und lavendelfarbigen Blüten im Frühjahr).

Die richtigen Handgriffe

Die austrocknende Wirkung von Wind reduzieren

Gärtner wissen es nur zu gut: Beginnt es zu winden, trocknet die Erde noch schneller aus. Man hat die Landschaften im Süden mit den Zypressenhecken vor Augen, die sich gen Himmel recken, um Obstgärten vor der schädlichen Wirkung starker Winde zu schützen ❶.

Aber in nicht südlichen Regionen trägt der Wind auch sehr oft zur Verdunstung von Luft und Böden bei. Dafür muss man einfach nur beobachten, was entlang von Waldrändern oder im Dickicht passiert: Die Luft ist dort im Sommer frischer und angenehmer. Anderswo verstärkt der Wind dann die Auswirkung von Hitze auf Stauden und Sträucher, die dann oft gezwungen sind, einen Teil der Blätter oder das gesamte Blattwerk loszuwerden, um Widerstand zu leisten ❷.

Es ist also klar: Werden Hecken an Stellen gepflanzt, an der es keinerlei natürliche Grenze gegen Wind gibt, kann dies das Ökosystem eines Gartens erheblich verändern. Diese Arbeiten machen Überlegungen und Geduld erforderlich. Hecken ein und derselben Art, wie beispielsweise Koniferen, kann man natürlich vergessen. Sie würden nur dichte Barrieren bilden, an denen der Wind abprallen kann, ohne seine Kraft zu verlieren. Zudem sind solche Hecken oft eher trist. Wird eine Pflanze krank, dann sind letztendlich alle befallen, so wie das bei Anpflanzungen von Monosorten immer der Fall ist. Der Schlüssel zum Erfolg liegt in der Mischung von Baumarten, der Auswahl von Bäumen und Sträuchern mit unterschiedlichem Aussehen, unterschiedlichem Laub und sich ergänzenden Konturen ❸.

Eine gute Pflanzenwand besteht aus einer ersten Reihe hochgewachsener Bäume, anschließend kommt eine Mischung aus Sträuchern (1/3 immergrün und 2/3 laubabwerfend), und dann noch eine weitere Reihe niedrigerer Sträucher zusätzlich zu den hohen. Hierfür braucht man einen langen Atem und beginnt vorzugsweise Anfang des Herbstes.

Je nach der geplanten Länge sollte man zur Vorbereitung des Geländes eventuell ein Fachunternehmen mit ins Boot nehmen. Den Rasen entfernen ❶, falls es einen gab, den Boden auflockern, und anschließend die vorgesehene Pflanzfläche lockern. Plant man zwei oder drei unterschiedlich hohe Pflanzreihen, sollte man mindestens 3 m Breite vorsehen. Für eine einzige Baumreihe reicht die Hälfte. Bitte beachten Sie, dass man bei der Pflanzung keine großen Pflanzen auswählen muss. Einige gute Gründe hierfür: Sie kosten mehr, sie brauchen mehr Wasser, wenn sie in den ersten beiden Jahren wieder ausschlagen sollen, und es bedarf zudem einer sorgfältigen Pfählung, um dem Wind zu trotzen ❷.

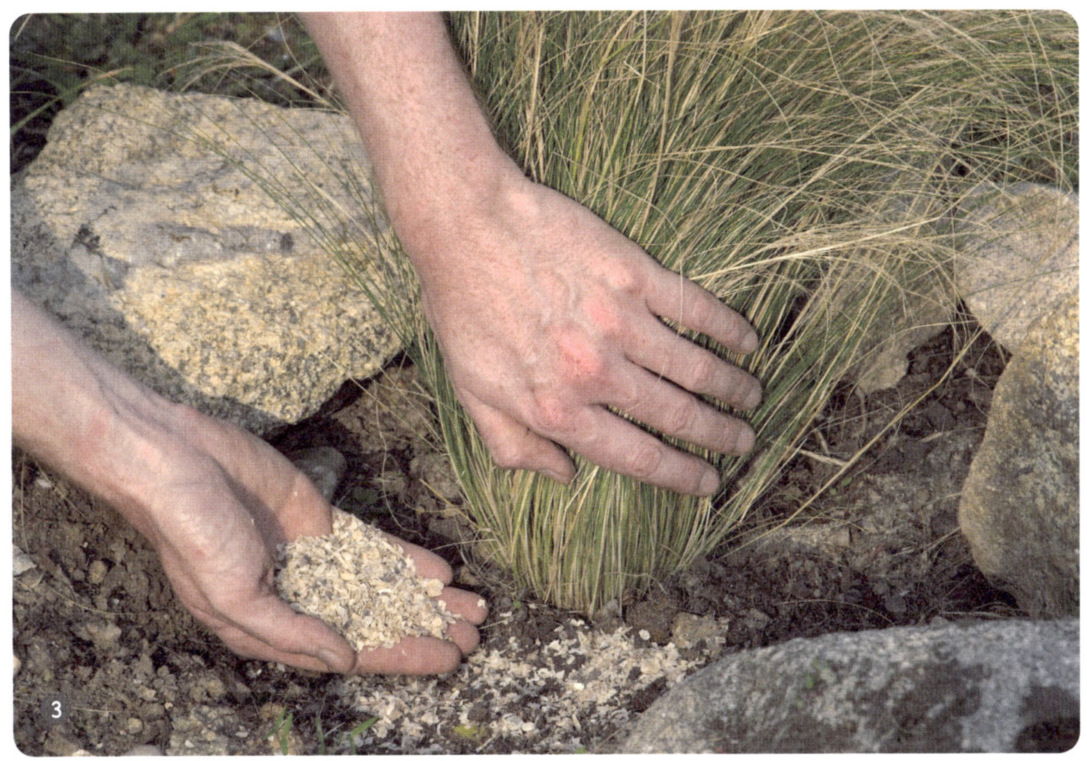

Und entgegen dem, was man vielleicht glauben mag, gewinnt man nicht viel mehr Zeit, wenn man beim Anpflanzen große Bäume verwendet. Jungpflanzen wachsen schnell, ihre Wurzeln entwickeln sich in einem gut vorbereiteten Boden mit hohem Tempo, und was das Gießen angeht, benötigen sie natürlich wesentlich weniger Wasser als große Pflanzen.

Keine Angst vor ganz jungen Bäumen und Sträuchern, die Sie in der Baumschule aussuchen: Ihre Größe von 50 bis 60 cm ist schnell vergessen, wenn sie die bei der Pflanzung und danach erforderliche Pflege erhalten. Ein Pflanzloch, in dem die Wurzeln atmen können, ist unerlässlich (gelockerter Boden 20 cm auf jeder Seite der Wurzeln).

Als Bodenverbesserer kann man Kompost und Hornspäne dazugeben ❶. Sollte der Boden porös sein und kein Wasser speichern, verwenden Sie Bentonit!

Eine weitere wichtige Vorsichtsmaßnahme: Die Pflanze nicht zu tief setzen. Sie muss ebenso hoch eingepflanzt werden wie in der Baumschule, nicht mehr und nicht weniger. Ist die Pflanze in der Erde, presst man sie leicht mit der Hand fest. Und danach unbedingt ausreichend gießen. Auch wenn an einem Regentag gepflanzt wird, muss gegossen werden, damit die Erde an den Wurzeln haften bleibt und eventuell entstandene Luftblasen entweichen können. Danach wird großzügig gemulcht, damit kein Unkraut wächst.

Machen wir uns einmal mehr klar, dass alles, was mit den Jungpflanzen in Konkurrenz tritt, deren Wachstum verlangsamt. Das scheint harmlos zu sein, ist aber wichtig. Hat man zum Einstreuen nicht genügend Blätter, eignen sich auch Stroh oder Holzhackschnitzel. Ist die Hecke mehrere Dutzend Meter lang, ist es sehr hilfreich, für die ersten beiden Jahre ein Tropf-Bewässerungssystem zu installieren ❶.

Achtet man natürlich darauf, lieber in großen Abständen, aber konsequent zu gießen, gelangt das Wasser tiefer in den Boden und steigt nach dem Kapillaritätsprinzip nach oben. Solche Mischhecken sind ein gutes Mittel, um die schädliche Wirkung von Wind zu verringern. Die unterschiedlichen Pflanzhöhen, die Formen und verschiedenen Volumen sind allesamt Hindernisse, an denen er abprallt und an Kraft verliert. Ein weiterer, durchaus wichtiger Vorteil: Bezüglich der Artenvielfalt findet alles, vom Igel bis zu Vögeln in unterschiedlichen Größen, in einem solchen Garten sein Glück.

In Felsen pflanzen

Dem Hobbygärtner wird sehr schnell klar werden, dass es den Traumgarten und den realen Garten gibt. Der Traumgarten ist der aus den Hochglanzmagazinen: lockerer, schwarzer Boden, in dem man alles pflanzen kann, was man will, mit der gewünschten Tiefe und ohne jegliche Anstrengung. Der andere Garten ist dann der, in dem eben diese Träume mit der Wirklichkeit konfrontiert werden ❷.

Ein Boden, in dem der Spaten ständig gegen Steine stößt, kann schnell die besten Absichten zunichtemachen. Muss man aber deswegen auf einen schönen Garten in einem felsigen Bereich verzichten? Natürlich nicht. Was also tun? Es heißt, „den Mutigen gehört die Welt“. Also nur Mut und Geduld!

Und dann gilt es noch, einige Regeln zu beachten. Die Wahl der richtigen Pflanzen ist hier noch wichtiger als sonst irgendwo. Es werden robuste Sorten ausgewählt, die mit wenig auskommen und an trockenes Gelände gewöhnt sind, anstatt schöne kleine Gartenwunder, die einen tiefen Boden, Dünger und regelmäßige Pflege benötigen. Einige Sträucher, die sich als nützlich erwiesen haben: Buddleja berberis ③, Spiraea abelia cotinus ④, Indigofera ⑤ und Wacholder. Einige Beispiele für mehrjährige Pflanzen: Achillea phlomis, Helichrysum, Lavendel, Zistrose, Rosmarin, Iris, Baldrian und Salbei ⑥. Eine weitere Vorgabe: Beim Pflanzen von Bäumen und Sträuchern liegt der Schlüssel zum Erfolg (obwohl man ja weiß, dass hier der Erfolg nie sicher ist) in der Auswahl von Pflanzen, so jung wie möglich, vorzugsweise mit kahlen Wurzeln.

In einem solchen Gelände lautet die Regel: Anpassung. Da man nicht überall pflanzen kann, wo man vielleicht möchte, muss man die Vorgaben akzeptieren und die Stellen finden, an denen der Fels bröckeliger ist und man ein kleines Loch graben kann ⑦. Dann die Jungpflanze zusammen mit so viel heimischer Erde wie möglich hineingeben und mit einer dicken Mulchschicht bedecken. Man versteht sicherlich sehr gut, wie wichtig es ist, junge Pflanzen mit einem Wurzelsystem auszuwählen, das sich in kleinste Felsritzen drücken kann. Sträucher und zu große Bäume könnte man nicht in derart kleine Erdlöcher hineinsetzen.

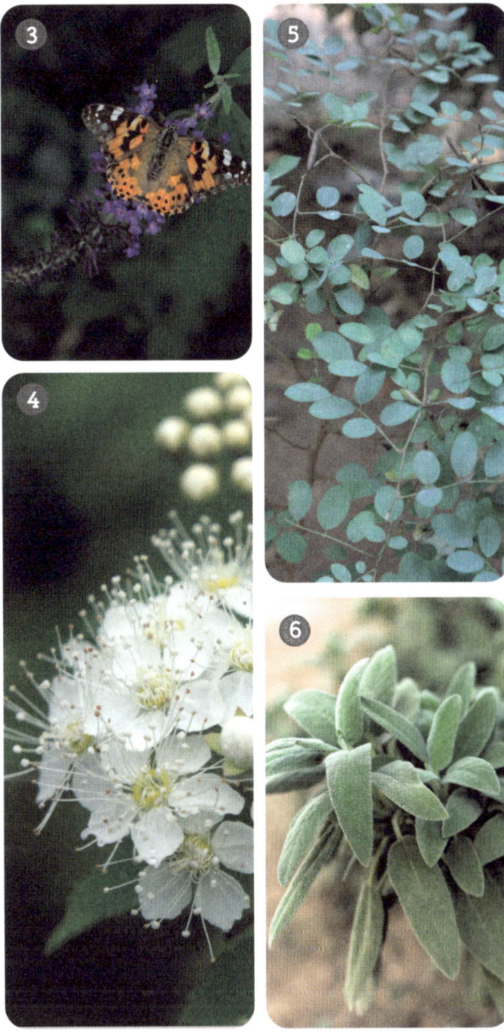

Und es wäre vergebene Liebesmüh, unter solchen Bedingungen eine Stütze installieren zu wollen, denn die kleinste etwas heftigere Windböe würde sie zum Einknicken bringen. Der beste Zeitpunkt zum Pflanzen ist immer noch der Herbst. Im Frühjahr würden die ersten warmen Tage ausreichen, um das Wiederausschlagen schwierig zu gestalten. Nach dem Einpflanzen ist es enorm wichtig, langsam und ausreichend zu gießen, um die unterirdischen Bodenschichten gut zu befeuchten.

Dieses Wasser steigt dann durch Kapillarwirkung nach oben. Anschließend deckt man alles mit Stroh ab und sorgt mit regelmäßigem Nachstreuen dafür, dass der Mulch erhalten bleibt. Diesbezüglich ist anzumerken, dass die Schnittreste in einem solchen Umfeld gesammelt und sorgfältig gehäckselt werden sollten. Anschließend bringt man diese Schutzschicht oder eben Mulch unterhalb der Hecken aus. So wird das optimale Wachstum der Pflanzen gewährleistet.

Pflanzen an einem Rasenplatz

Dem Modetrend französischer Gärten ❶ ist die Begeisterung für Rasenflächen zu verdanken. Während der industriellen Revolution verankerte sich das dann in den Köpfen. Kein Haus, das diesem Namen würdig ist, ohne grünen Rasen!

1868 wird in Amerika das erste Patent für einen Rasenmäher hinterlegt. Ach, der Rasenmäher. Man muss dieses Wort einfach nur aussprechen, damit sich Eigentümer eines Zweitwohnsitzes beschweren, für die das Thema „Rasenmähen" wie eine Strafe ist. Obwohl es heutzutage gute Mähroboter gibt, die diese Arbeit anstelle widerspenstiger Hobbygärtner übernehmen können (allerdings nicht überall!), wird nach und nach vielen Gärtnern bewusst, dass Wasser ein kostbares Gut geworden ist. Daher ersetzt man den Rasen durch etwas anderes (siehe Bodendecker). Aber wie genau wird man das Gras wieder los? Wie wird nun aus einer begrünten Rasenfläche eine Fläche mit Pflanzen?

Der Einsatz von Chemie ist natürlich tabu, daher die Lösung die „Lasagne"-Technik. Diese Methode stammt aus den Vereinigten Staaten und besteht darin, den Rasen mit Zeitschriften oder einem Karton zu ersticken und diese Schicht anschließend mit 15 cm Kompost oder einer Mischung aus Erde und Kompost zu bedecken ❷. Auf diese Schicht gibt man dann 10 cm organischen Mulch ❸. Im Idealfall beginnt diese Vorbereitung etwa ein Jahr vor der eigentlichen Bepflanzung. Dazu sollte man zuerst den Rasen der entsprechenden Fläche so kurz wie möglich mähen (Ende des Sommers oder Anfang Frühjahr). Danach legt man die Zeitung oder die Kartonstücke aus. Mindesten 15 Zeitungsseiten aufeinander, bei Karton ein oder zwei Stück, je nach Dicke. Die ganze Fläche muss anschließend mit reinem, gut zersetztem Kompost oder einer Mischung aus Erde und Kompost bedeckt werden. Man kann auch etwas reifen Mist hinzugeben. Und immer dran denken, dass die letzte Schicht aus organischem Mulch besteht. Dann mindestens den Herbst oder den kommenden Frühling abwarten, bevor man mit dem Pflanzen beginnt. Diese Technik birgt zahlreiche Vorteile: Die Rasenfläche muss nicht komplett mit dem Spaten abgetragen werden und bietet den neuen Pflanzen einen lockeren und reichhal-

1

2

3

tigen Boden, in dem die Durchwurzelung einfach vonstattengehen kann. Anschließen reicht es aus, die umgestaltete Fläche gut im Auge zu behalten und unerwünschte Pflanzen zu entfernen, die sich wieder ansiedeln wollen, bis die Jungpflanzen ausreichend groß sind, um das Gelände in Besitz zu nehmen.

Gräser als Ersatz für Rasen

Gräser als Ersatz für Rasen sorgen in einem Garten für Bewegung und Leichtigkeit. Die richtige Auswahl kann eine hervorragende Alternative zu Rasen bilden. Es geht nicht darum, die hier beschriebenen Gräser in Bereichen zu pflanzen, die oft betreten werden. Stattdessen sollte man die Bereiche eines Rasens auswählen, die man nur selten betritt, um neue, luftigere Zonen zu schaffen, die nicht so viel Pflege benötigen. Jeder Pflanze gebührt eine besondere Aufmerksamkeit!

Hakonechloa. Süßgräser.
Sonne und Halbschatten.

Dieses sehr dekorative Japangras bildet nach zwei oder drei Jahren imposante, etwa 50 cm breite Büschel mit glatten, etwa 30 – 40 cm hohen Blättern. Das Gras wirft Laub ab, ist aber im Winter trotzdem ansehnlich, da es eine interessante kupferne Färbung entwickelt. Die herkömmliche Sorte kommt in einem eleganten, einfarbigen Grün daher (Hakonechloa macra). Ansonsten gibt es gelb-grün-gemischte Sorten (H. macra 'Aureola'), eine weiß-grün-gemischte Art (H. macra 'Albovariegata') sowie eine mit komplett goldfarbenen Blättern (H. macra 'All Gold'). Alle vertragen Trockenheit gut und wachsen auf kalkigem Gelände.

Imperata cylindrica 'Red Baron'. Süßgräser.
Sonne und Halbschatten.

Diese schöne asiatische Grassorte (40 cm) mit hohen, zuerst zartgrünen, dann dunkelroten Blättern ab Anfang Sommer bringt den Garten garantiert zum Leuchten. Das Büschel treibt Schösslinge, ohne jedoch einnehmend zu werden. Das Gras entwickelt sich schneller in leichtem als in lehmigem Boden. Man kann es zur Umrandung von Wegen verwenden oder für große bunte Flächen einsetzen. Es ist außerdem ein schönes Gras für zeitgenössische Gärten.

3 **Pennisetum alopecuroides. Süßgräser.**
Sonne.

Dieses Gras braucht einen gut drainierten Boden, um zur Bestform aufzulaufen. Es handelt sich um eine robuste und zuverlässige Sorte, die sich durch dichtgedrängte Büschel (80 – 100 cm) mit schmalen Blättern auszeichnet, die fedrige Rispen bildet. Es gibt zahlreiche Cultivare, einige davon mit attraktiven Herbstfarben (P. alopecuroides 'Hameln'). Die Wirkung der in großen Mengen gesetzten Pflanzen ist bei schräg einfallendem Licht morgens und abends spektakulär. Im Winter ist die feuchte Erde anfälliger für Frost.

Melica ciliata. Süßgräser.

Sonne und Halbschatten.

Sollte Ihr Boden kiesig und trocken sein, ersetzt dieses Gras ganz einfach die Rasenflächen. Aufgrund seiner Höhe (60 cm), sollte dieses schöne, zierliche Gras mit rauen, graugrünen Blättern lieber nicht an Durchgängen gepflanzt werden. An anderer Stelle sorgen die fast weißen, flaschenbürstenförmigen Kolben jedoch für Anmut und Leichtigkeit. Ein leichter Schnitt vor dem Winter verleiht dem Gras ein gepflegtes Aussehen. Bestens für kalkige Böden geeignet.

4

5

5 **Sesleria. Süßgräser.**

Sonne und Halbschatten.

Sesleria Autumnalis ist eine hübsche, unbekannte Pflanze, die struppige Büschel (40 cm) mit feinen hellgrünen, immergrünen Blättern bildet. Im Sommer trägt sie beige, dann schwarze zylindrische Kolben. Es handelt sich um eine kalkverträgliche Pflanze, die sich nach und nach ausdehnt. Sesleria sadleriana mit bläulichem Blattwerk kann sich sehr gut Trockenheit anpassen.

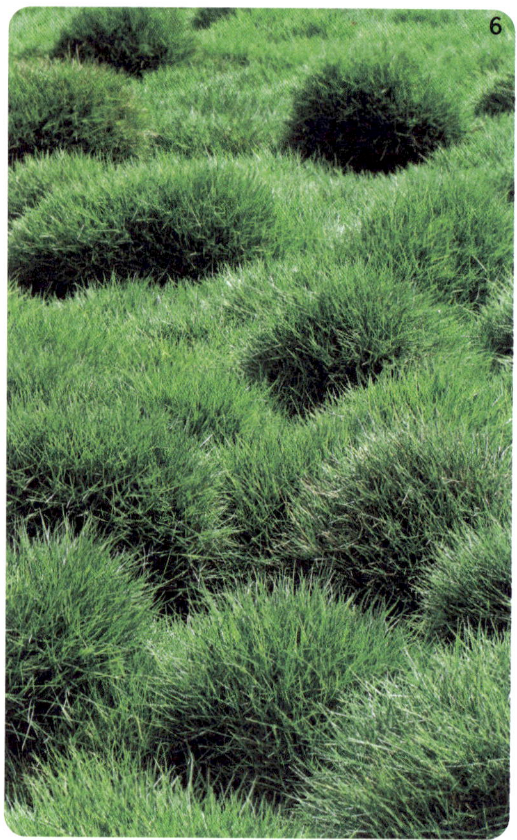

6 ***Zoysia tenuifolia.* Mascarenegras Süßgräser.**
Höhe: 5 cm. Sonne.

Dieser flachwurzelnde Bodendecker ist eine gute Rasenalternative. Er vermehrt sich über Ausläufer und nimmt schnell die ihm zugewiesene Fläche ein. Die feinen Blätter sind weich, wenn man sie berührt. Sie werden im Winter gelb, im Frühling jedoch wieder grün. Da das Gras unempfindlich gegen Betreten ist und im Sommer seine grüne Farbe perfekt bewahrt, wird es in vielen anspruchsvollen Regionen zur Gestaltung von Rasenflächen verwendet. Die Staude verträgt sehr gut Meeresgischt, aber auch kalkige Böden.

PFLANZENNAMEN – WIE FINDET MAN SICH DAMIT ZURECHT?

Dem schwedischen Naturforscher Carl von Linné (1707 – 1778) haben wir die Einstufung von Tieren und Pflanzen nach Sorte und Gattung auf Lateinisch (binäre Nomenklatur) zu verdanken. Man kann sich natürlich fragen, weshalb sich die lateinische Bezeichnung schon so lange durchsetzt, während man doch einfach Pfingstrose anstatt Paeonia und Margerite anstelle von Leucanthemum sagen könnte. Nun, die Welt der Pflanzen ist riesig, riesiger als die von Ländern, und um sie zu benennen, brauchten Gärtner aus aller Herren Länder eine gemeinsame Sprache. Es gibt daher ein Gärtnerlatein, das verschiedene, manchmal fantasievolle Ursprungsnamen beinhaltet, um eine bestimmte Pflanze zu benennen.

Der botanische Name beginnt mit dem Namen einer Gattung, gefolgt von einem zweiten Namen für die Art. Der Name der Pflanzengattung umfasst affine Pflanzen mit gemeinsamen Eigenschaften. Der Artname, „spezielles Beiwort" genannt, ist ein beschreibendes Adjektiv. Zum Beispiel bezeichnet *Aquilegia viridiflora* die Akelei mit grünen Blüten (*viridis*, grün und *flos, floris*, Blume). Die beiden Wörter werden standardmäßig kursiv geschrieben.

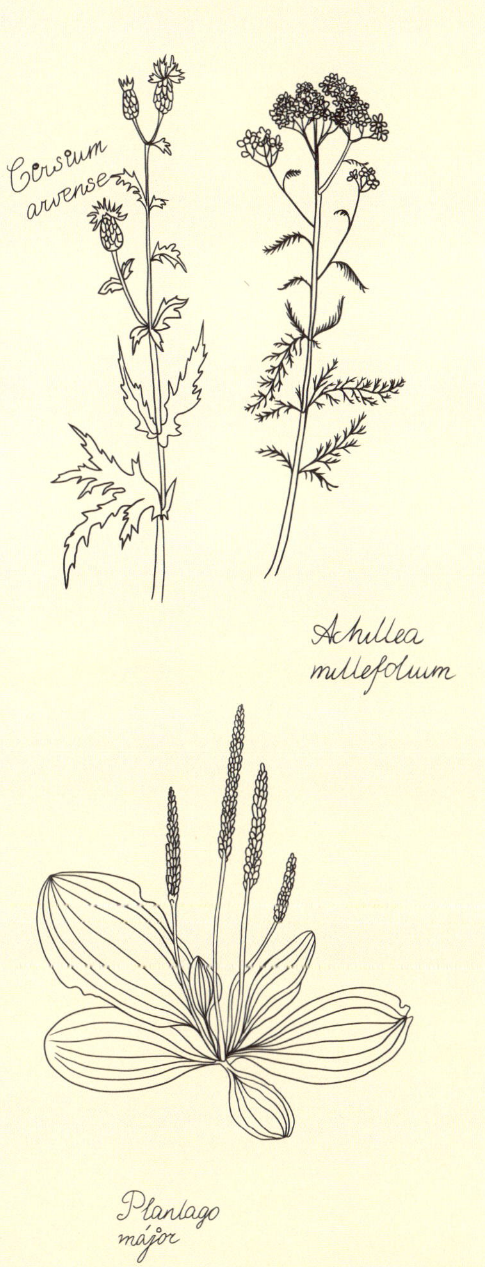

Es ist außerdem zulässig, den ersten Namen mit einem Großbuchstaben und den zweiten ohne zu schreiben. Da die Welt der Pflanzen stets durch Neuzüchtungen, Kreuzungen und vieles mehr in Bewegung ist, haben sich Verstöße gegen die binäre Nomenklatur seit Linné gehäuft.

Die beiden Wörter, die Art und Sorte bezeichnen, werden häufig um ein drittes ergänzt, das in römischer Schriftart, mit Großbuchstabe und einfachen Anführungsstrichen, geschrieben wird. Dieses Wort benennt den Cultivar (Kofferwort aus dem Englischen cultivated variety). In gewisser Weise ist es der Taufname für das Ergebnis einer Kreuzung, einer Mutation oder einer zufällig entstandenen Pflanze. Der Cultivar verweist manchmal auf den Namen des Züchters oder benennt die Farbe oder eine sonstige, manchmal eigenartige Angabe.

Teil II

Die Pflanzenliste

10 bewährte Kleinpflanzen

Diese kleinen, niedrigen und vielfach einsetzbaren Pflanzen sind sehr wichtig für den Garten. Sei es zur Verzierung, sei es zum Verschönern eines Steingartens, vorne in einem Beet oder an einem Wegrand. Damit sie auch Beachtung finden, ist das Anpflanzen in kleinen Gruppen oft von Vorteil, um besser von ihrer Blütezeit profitieren zu können.

Armeria maritima. Strand-Grasnelke.
Höhe: 15 bis 20 cm, Sonne.

Diese Kleinstaude kommt mit wenig aus. Sie hasst Feuchtigkeit; fühlt sie sich jedoch wohl (trockener, drainierter Boden), bildet sie ausdauernde Büschel mit kleinen, zarten und winterharten Blättern. Oft trifft man auf die klassische rosafarbene Form, doch in den letzten Jahren sind neue Züchtungen entstanden, die 'Schöne von Fellbach' in zartem Rosa oder 'Vesuv' mit schokoladenfarbenen, richtig spektakulären Blättern. Die pomponförmigen Blüten blühen ab Anfang April bis in den Juni hinein. Ansonsten bildet diese unkomplizierte Pflanze grüne Kissen in originellem, charmantem Stil. Passt sehr gut für Lagen am Meer.

Centaurea bella.
Höhe: 15 bis 20 cm, Sonne.

Die Flockenblume stammt aus dem Kaukasus und ist eine einfache und elegante Staude. Das graue, schön geschnittene Blattwerk bildet ein niedriges, winterhartes Pflanzkissen. Die rosa Blüten sind sehr zart. Sie wachsen den ganzen Frühling über immer wieder nach. Diese Pflanze hat einen guten Platz am Rand von Beeten verdient oder zwischen Steinen einer Allee, wo sie mit der Zeit einen zuverlässigen, allzeit resistenten Bodendecker bildet. Wächst gut auf kalkhaltigem Boden.

1

2

3

4

Dianthus.

Höhe: 10 bis 5 cm, Sonne.

Nelken gibt es in großer Vielfalt. Zu denjenigen, die am besten zu den niedrigen Pflanzen passen, die im Steingarten, am Wegrand oder auf einem Mäuerchen gedeihen, gehören Dianthus arenarius (Sandnelke), Dianthus anatolicus oder Dianthus corsicus. Erstere bildet einen schönen graugrünen Pflanzteppich mit weißen, natürlich fallenden und ganz besonders zarten Blüten.

Die anatolische Nelke hat dieselben Eigenschaften, außer dass die sich rosa färbenden Blüten im Mai/Juni erscheinen. Die korsische Nelke entwickelt pinkfarbene Blüten. Ihr Duft ist intensiv. Die Pflanzen können am Meer und auf Kalkböden gepflanzt werden. Immergrüne, sehr interessante Blätter.

Erigeron karvinskianus.* *Mauer-Gänseblümchen.

Höhe: 20 bis 30 cm, Sonne.

Eine kleine Pflanze, auf die man in einem gießfreien Garten nur schwer verzichten kann. Es genügen ein paar Pflanzen, damit sie floriert und langsam aber sicher an Stellen wächst, an denen man es nicht vermutet hätte. Sie sät sich ganz einfach selbst aus, ohne jedoch wie einige andere Pflanzen vereinnahmend zu werden. Die weißrosa Gänseblümchen blühen büschelweise von Mai bis Oktober und sorgen entlang von Gartenwegen sowie als Beeteinfassung für Weichheit und Poesie.

Schneidet man sie zu Beginn der Saison etwas zurück, treiben sie neu aus. Eine authentische, großzügige und pflegeleichte Pflanze. Passt sich dem maritimen Klima an und wächst auch auf kalkigen Böden.

Gypsophila repens.
Höhe: 10 cm, Sonne.

Gipskräuter vertragen sehr gut die Trockenheit tiefer und gut drainierter Böden. Sie sind kleinwüchsig und eignen sich hervorragend als Mauerbedeckung, Einfassung oder auf Bodenplatten. Sie entwickeln zahlreiche kleine weiße (G. repens) oder hellrosa Blüten (G. repens 'Rosea'). Die Blütezeit reicht von Mai bis Juli. Die Blätter sind gerade, bodendeckend und halbimmergrün. Diese Pflanzen versprühen Charme und Leichtigkeit. Häufig werden sie auch für Dachbegrünungen verwendet. Kalkresistent.

Helianthemum.
Höhe: 10 bis 20 cm, Sonne.

Dieser immergrüne Halbstrauch liebt besonders kiesige und trockene Böden. Daher gehört er unbedingt auf unsere Liste. Je nach Sorte variiert das Blattwerk zwischen gräulich ('The Bride' mit weißen Blüten) und intensivem Grün ('Cerise Queen' mit roten Blüten). Auf jeden Fall wird man sich an der üppigen Blütenpracht erfreuen, die von Mai bis August anhält. Die Blüten halten nur wenige Stunden, werden jedoch immer wieder durch neue ersetzt, deshalb fällt das gar nicht auf. Sie erinnern an Papierblumen und ähneln ein wenig den Blüten von Zistrosen. Das überrascht nicht weiter, gehören doch auch sie zur Familie der Zistrosengewächse. Die Sorte 'Wisley Primrose' erinnert an gelbe Primeln im Frühjahr.
Helianthemum kann man auch auf beiden Seiten eines Kieswegs pflanzen, um für weichere Konturen zu sorgen. Sie bilden elegante Büschel, die jedes Jahr blühen. Sie passen sich gut Lagen am Meer und kalkigem Boden an.

Origanum lævigatum.
Höhe: 20 bis 30 cm, Sonne.

Herkunft Zypern und Türkei. Dieser schöne Oregano bildet einen Kontrast zur herkömmlichen Art. Die rötlichen Stängel harmonieren aufs Schönste mit dem immergrünen graublauen Blattwerk. Die purpurfarbenen Blüten, die jeden Sommer neu wachsen, sind ein Hingucker. Außerdem ist es eine Pflanze, die Bienen anlockt, was nur gut sein kann. Das Einzige, was sie nicht verträgt, ist Feuchtigkeit. Daher wird sie besonders für trockenes Gelände oder sogar Kiesgärten empfohlen. Für natürlich wirkende Anpflanzungen lässt sie sich gut mit weichen Gräsern wie Stipa tenuifolia kombinieren. Ihre Blätter sind essbar. Meeresluft schadet ihr nicht.

5

6

7

8 ***Phyla nodiflora.***
Höhe: 3 cm, Sonne.

Diese Pflanze ist eine hervorragende Rasenalternative und trotzt sowohl Trockenheit als auch Trittbelastung. Pro m^2 werden 6 Töpfe gepflanzt. Recht schnell entwickelt dieser Bodendecker dann einen schönen Pflanzteppich mit rosaweißen Blüten, die Bienen anlocken und den ganzen Sommer über blühen. Phyla nodiflora wachsen nach und nach, wenn die Jungpflanzen im Boden Wurzeln geschlagen haben. In der Regel wirft die Pflanze das dunkelgrüne Laub ab. Ist der Winter nicht zu hart, kann es auch sein, dass die kleinen Blätter erhalten bleiben. Winterhart bis etwa -12°C.

8

9

9 ***Satureja montana.***
Höhe: 15 cm, Sonne.

Noch eine weitere Duftpflanze! Die hier bildet schöne regelmäßige Pflanzkissen. Die kleinen, gleichförmigen und immergrünen Blätter bilden zwischen Juni und August zahlreiche kleine Kolben, die bei Bienen sehr beliebt sind. Der Duft von Bohnenkraut ist intensiv und angenehm. Gerne verweilt man in einem Garten, um das Aroma einzuatmen, wenn man einige Blätter zwischen den Fingern zerrieben hat. In der Antike war Bohnenkraut sehr beliebt und wurde als Zutat zahlreicher aphrodisischer Mittel verwendet.

10 ***Thymus præcox 'Coccineus'.***
Thym serpolet. Lippenblütler.

Höhe: 8 bis 10 cm, Sonne.

Thymianarten gibt es viele verschiedene. Es handelt sich um mehr oder weniger kriechende Halbsträucher mit immergrünen, aromatischen Blättern. Sie eignen sich für Steingärten oder kahle Bereiche zwischen Bodenplatten. Thymus præcox 'Coccineus' bildet rasch einen Pflanzteppich mit intensivgrünen Blättern. Er ist nur rund 10 cm hoch, absolut trockenresistent, wenn er gut angewachsen ist, und bildet zwischen Juni und August eine Vielzahl herrlicher karminroter Blüten. Zu den sehr beliebten Thymiansorten, die noch kleiner sind, zählt der spektakuläre *Thymus præcox* 'Pseudolanuginosus' mit gräulichen, pelzig-zarten Blättern, der sich auch zum Pflanzen zwischen Bodenplatten oder auf Mäuerchen eignet. Er kann Trittbelastung aushalten, und seine wollartige Textur macht Lust, ihn zu berühren. Auch die zarten rosa Blüten sind sehr gefällig. Der Thymus herbabarona mit purpurfarbenen Blüten von Juni bis August ist ebenfalls sehr bodendeckend (Höhe 5 cm). Alle Thymianarten sind Bienenweiden. Die Pflanze verträgt sich mit Mittelmeerklima sowie kalkhaltigen Böden.

10

Die 10 besten Stauden mit grauen Blättern

Stauden mit grauem Blattwerk sind an trockene Gärten gewöhnt und fühlen sich in der Sonne sowie einem gut entwässerten Boden wohl. Die besondere Farbe ihrer Blätter ist übrigens das Ergebnis einer langanhaltenden Strategie zur Anpassung an extreme Hitze. Tatsächlich werden die Blätter durch weiße oder silbrige Härchen vor der austrocknenden Wirkung der Sonne geschützt. Ergebnis: Je trockener sie stehen, desto intensiver ist die Farbgebung ihres Blattwerks. Pflanzt man sie jedoch entgegen ihrer Gewohnheit (regelmäßiges Gießen im Sommer), würden sie fast schon unansehnlich werden!

Artemisia ludoviciana 'Silver Queen'.
Höhe: 70 cm, Sonne.

Beifuß ist im Garten wegen des grauen Blattwerks sehr beliebt, vor allem wenn im Frühjahr die jungen Triebe wachsen. Es handelt sich um eine kräftige Pflanze, die sich durch Rhizome verbreitet. Für manche Gärtner ist sie zu vereinnahmend, doch sie kann, falls erforderlich, mit einer paar Spatenstichen im Zaum gehalten werden. Artemisien lieben trockene, gut entwässerte Böden. Die Blätter der Sorte 'Valerie Finnis', die dieser sehr ähnlich ist, sind noch lanzettlicher. Perfekt für Gärten in maritimem Klima. Kalkresistent.

Ballota pseudodictamnus.
Höhe: 50 cm, Sonne.

Diese Pflanze bewirkt aufgrund ihrer architektonischen Präsenz in Trockengärten Wunder, vorausgesetzt es gibt dort das, was ihr am meisten gefällt: Hitze und porösen Boden. Das immergrüne Blattwerk ist dank der für Stauden typischen zahlreichen silberfarbenen Härchen hellgrün in Richtung grau. Die Blätter können extremer Hitze standhalten. Die Ballota pseudodictamnus stammt ursprünglich aus Griechenland und der Türkei und blüht zwischen Juli und September mit einer Vielzahl weißgrüner Blüten, die sich wie kleine Kerzen aufrichten.

1

2

3 ***Euphorbia myrsinites. Walzen-Wolfsmilch.***

Höhe: 20 cm, Sonne.

Euphorbia wie diese bieten in einem Garten zahlreiche gestalterische Möglichkeiten. Sie sind sowohl sehr grafisch als auch pflegeleicht. Die niederliegenden, schmucken Zweige sind mit immergrünen, schuppenförmigen Blättern bedeckt, die spiralförmig angeordnet sind. Die blaugraue Farbe wirkt sehr anziehend. Die gelbgrünen Blütenstände sind im April und Mai zu sehen. Dieser kleine Vertreter der Wolfsmilch breitet sich langsam, aber sicher aus. Er lässt sich sehr gut auf einem Mäuerchen anpflanzen oder spinnt von einem Hügel herunter. Unter günstigen Bedingungen sät sich die Pflanze gerne selbst aus.

 ***Helichrysum italicum.***

Höhe: 60 cm, Sonne.

Eine Pflanze, die auf jeden Fall auffällt. Die italienische Strohblume ist ein Halbstrauch aus dem Mittelmeerbecken und strömt bei heißem Wetter einen würzigen Duft aus, der an Curry erinnert. Wird sie in der Nähe eines Pools oder eines Durchgangs gepflanzt, erweist sie sich schnell als unverzichtbar. Die gelben Blätter ähneln in etwa denen der Schafgarbe. Ich persönlich ziehe ihnen das graue und fadenförmige Blattwerk vor. Soll die Pflanze dicht bleiben, sollte man sie auf jeden Fall regelmäßig schneiden. Hier ist ein entwässerter Boden ohne Feuchtigkeit angesagt. Diese Art wächst hervorragend in Gebieten am Meer. Sie verträgt kalkhaltige Böden.

5

6

Marrubium incanum.

Höhe: 60 cm, Sonne.

Kiesige, trockene Böden und vorzugsweise eine sehr sonnige Lage gefallen dieser schönen, immergrünen Pflanze mit sehr leuchtendem, grauem Blattwerk. Die Blüten sind weiß, jedoch eher zweitrangig, denn dieser Andorn wird vor allem für die Unmenge seiner schönen filzigen Blätter gepflanzt. Kein bisschen durstig. Kalkresistent.

Salvia argentea.

Höhe: 70 cm, Sonne.

Dieser Salbei mit den großen, hellgrauen und wollig wirkenden rosettenförmigen Blättern hat eine schöne architektonische Präsenz. Vor Hitze und Trockenheit schützt er sich mit weißen Härchen, die ihm einen sehr attraktiven seidigen Glanz verleihen. Die Pflanze ist eher zweijährig als mehrjährig, doch kann man ihr Leben verlängern, wenn man die weißen Blüten nach der Blütezeit abschneidet. Da sie sich jedoch einfach selbst aussäht, sobald sie im Garten ist, verschwindet sie nur äußerst selten. Sie passt sich hervorragend kalkigen Böden sowie Lagen am Meer an.

Santolina chamæcyparissus.
Höhe: 40 cm, Sonne.

Wenn es eine mehrjährige Pflanze gibt, die Gießen im Sommer hasst, ist es das Heiligenkraut. Will man diese schöne graue, gut verzweigte Pflanze mit den immergrünen, nach Terpentin riechenden Blättern voll und ganz zur Geltung bringen, sollte man sie auf einen kiesigen, perfekt entwässerten Boden pflanzen. Und je heißer der Standort, desto besser wächst sie. Dieser kleine Strauch, der dem Lavendel ähnelt, blüht von Juli bis August. Die kleinen gelben und pomponförmigen Blüten werden nach der Blütezeit entfernt. Dann schneidet man die Pflanze, damit sie ihr kissenförmiges Aussehen behält. Manche schneiden sie sogar vor der Blüte. Tatsächlich ist beim Heiligenkraut vor allem das Blattwerk ein Hingucker.
In Gärten am Meer ist sie quasi unverzichtbar und gedeiht auch auf kalkigen Böden.

Sedum reflexum.
Höhe: 15 cm, Sonne.

Sedumpflanzen bilden eine eigene Familie. Die Pflanzen sind absolut pflegeleicht. Ihnen genügt ein normaler Boden in sonniger Lage, und sie vertragen gut Trockenheit. Ihr Aussehen sowie die Form und Farbe der harten Blätter sind von Art zu Art unterschiedlich. Sedum reflexum hat ein graublaues, immergrünes Blattwerk, das sehr schön aussieht.
Sie kommen in Steingärten zum Einsatz, an Böschungen oder zwischen den Bodenplatten eines Weges. Sedum wächst schnell und kann daher auch als Bodendecker eingesetzt werden. Alle Seda vermehren sich durch Stecklinge. Sie passen sich maritimem Klima gut an. Außerdem gedeihen sie bestens auf kalkigem Boden.

7

8

9 ***Senecio cineraria.***
Höhe: 70 cm, Sonne.

Die Zinerarie stammt aus dem westlichen Mittelmeerbecken und ist, wie man sich denken kann, recht widerstandsfähig gegen Gischt.
Die Pflanze ist sehr pflegeleicht und daher in zahlreichen Regionen beliebt. Wird sie in einen gut drainierten Boden gepflanzt (Staunasse ist für sie fatal), wird sie schnell zu einem gut verzweigten, sehr präsenten Halbstrauch mit stark eingekerbten, immergrünen Blättern in einem schönen Grau, das bis ins Weiße gehen kann.

10 ***Stachys byzantina***
Höhe: 50 cm, Sonne.

Der Woll-Ziest (auch „Eselsohr" oder „Hasenohr" genannt) stammt aus der Gegend vom Kaukasus bis zum Iran und ist eine robuste, schnellwachsende Pflanze, die einen wirkungsvollen Bodendecker bildet. Die immergrünen Blätter sind samtig aufgrund der Härchen, die sie bedecken. Die diskreten Blüten auf breiten Stängeln sind lilablau. Tatsächlich ist der Ziest vor allem für sein Blattwerk bekannt. Damit die Pflanze gepflegt aussieht, sollte man auf jeden Fall die verblühten Stängel abschneiden. Sie wächst in Gärten am Meer und auf kalkigen Böden.

Steinharte Stauden

Stauden sind in einem Garten unverzichtbar. Sie bilden den Übergang zwischen Blumen, Bäumen und der umliegenden Landschaft. Manche sind laubabwerfend, andere immergrün. Außerdem unterscheiden sie sich auch durch ihr Aussehen, denn einige haben beliebige, leicht beschwingte Formen, andere wiederum sorgen in einem Garten für Struktur und verleihen ihm eine Handschrift. Will man vorrangig Arten pflanzen, die lange Zeit ohne Wasser auskommen, sollten sie sorgfältig ausgewählt werden. Auch hier ist ein graues Blattwerk ein Zeichen für Widerstandskraft. Aber zum Glück sind das nicht die Einzigen.

Arbutus unedo. Westlicher Erdbeerbaum. Heidekrautgewächs.

Höhe: 5 m und mehr, Sonne.
Widerstandsfähigkeit: – 15°C

Der Erdbeerbaum, in südeuropäischen Landschaften beheimatet, ist ein Strauch mit ledrigen, immergrünen und etwas stumpfen Blättern. Sein langsames Wachstum ermutigt dazu, bereits gut angewachsene Exemplare zu pflanzen. Im Herbst entfaltet er seine ganze Schönheit, denn dann mischen sich die weißen Blüten mit den Früchten aus der Blüte des Vorjahres. Diese roten Früchte ähneln ein wenig Erdbeeren, schmecken aber bei weitem nicht so lecker. Auch wenn der Erdbeerbaum naturgemäß in sauren Böden wächst, verträgt der Arbutus unedo kalkhaltige Böden, allerdings müssen diese unbedingt entwässert sein. Arbutus andrachne ist dagegen eine kalkstete Wildpflanze. Dieser für seine schöne, orangerote, glatte Rinde bekannte Baum ist trockenresistent. Noch bemerkenswerter ist die Rinde des Arbutus x thuretiana. Sie ist glatt und leuchtend rot. Im Frühjahr reißt sie auf, und die neue Rinde in schönem Pistaziengrün kommt zum Vorschein. Im Laufe der Zeit färbt sie sich dann rot.

Ceanothus 'Concha'.

Höhe: 3 m, Sonne, leichter Schatten.
Widerstandsfähigkeit: – 10°C.

Säckelblumen stammen aus Kalifornien. Dieser Cultivar gehört zu den schönsten. Die immergrünen Blätter leuchten in einem schönen Grün. Seine Zweige geben der Staude ein harmonisches Aussehen, und im April wird sie von zahlreichen leuchtend dunkelblauen Blüten bedeckt. Bei ausgewachsenen Exemplaren ist dies in der Tat ein atemberaubendes Schauspiel. Die Pflanze ist in kiesigem und gut entwässertem Boden schnellwachsend. Langanhaltender Frost macht den Stauden eher zu schaffen als Trockenheit, die sie gut vertragen. In London gibt es herrliche Arten von C. 'Concha'. Sie wachsen an Hauswänden, und diese geschützte Lage scheint ihnen gut zu gefallen. Ist ein Schnitt erforderlich, sollte dieser eher sanft und regelmäßig nach der Blütezeit erfolgen. Einen zu radikalen Schnitt vertragen die Säckelblumen nicht so gut.

Cercis siliquastrum. Gewöhnlicher Judasbaum.

Höhe: 6 bis 7 m, Sonne. Widerstandsfähigkeit: – 10°C.

Dieser kleine Baum sieht während der Blütezeit jedes Mal anders aus. Die Blütezeit beginnt ab Februar, wenn alle Äste mit dichten, pinkfarbenen Blütentrauben bedeckt werden. Es ist wirklich schön anzuschauen. Erst dann kommen die herzförmigen Blätter, die im Herbst eine goldene Färbung annehmen, zum Vorschein. In der Natur (Südosteuropa, Kleinasien) wächst der gewöhnliche Judasbaum in kargen, kiesigen Gegenden. Man kann ihm also das Leben problemlos schwer machen, auch wenn er sich gegen eine weniger spartanische Behandlung durchaus behaupten kann. Tatsächlich kann er sich auch schweren, lehmhaltigen Böden sowie einem relativ kühlen, feuchten Klima anpassen. Allerdings hat er eine Vorliebe für kalkhaltige Böden.

3

Cistus. Zistrosen.

Sonne. Widerstandsfähigkeit: – 10°C.

Zistrosen sind sogenannte Pyrophyten, das heißt, dass sie in der Lage sind, nach Buschbränden schnell zu wachsen oder sich sogar zu erholen. In nach einem Brand verwüsteten Landschaften sind es übrigens oft Zistrosen, die als erstes wachsen und die kahlen Flächen mit ihren niedrigen und immergrünen Formen bedecken. Die Blüten sind unvergleichlich zart und frisch. Sie blühen einen Tag und wirken wie Papierkreationen, die morgens aufblühen und abends abfallen. Doch die zahlreichen Knospen sorgen ohne weiteres für Nachschub. Im Garten sind Zistrosen umso schöner, je härter die Bedingungen auf einem kargen, steinigen Boden ohne Bewässerung sind. Zu reichhaltige Böden lassen sie armselig aussehen. Für ein einwandfreies Erscheinungsbild sorgt ein leichter Rückschnitt nach der Blütezeit. Heutzutage gibt es endlos viele Formen und Farben.

Choisya ternata. Orangenblume.

Höhe: 2 m, Sonne. Widerstandsfähigkeit: – 15°C.

Immergrüne Sträucher sind in einem Garten sehr wertvoll, doch ist ihr Blattwerk manchmal etwas glanzlos. Beim Orangenbaum ist dies definitiv nicht der Fall, denn er ist leuchtend grün. Ein kiesiger Boden und keinerlei Wasser im Sommer sind die für einen guten Wuchs erforderlichen Bedingungen. Er ist inzwischen sehr beliebt und man findet ihn in unterschiedlichen Umgebungen. Ungünstig ist die Verbindung von Hitze und Feuchtigkeit: diese kann zu einem schnellen Siechtum führen. Die weißen Blüten kommen im Frühling zum Vorschein und verströmen einen sehr angenehmen Duft. Ende des Sommers wachsen sie erneut. Choisya 'Aztec Pearl', die in den letzten Jahren auf den Markt gekommen ist, hat größere Blüten als die Standardsorte und duftet genauso stark. Pflanzt man sie in der Sonne und in der Nähe eines Hauses oder bei Durchgängen, sorgt sie für angenehme Duftnoten. Im Winter vor kalten Winden schützen.

4

5

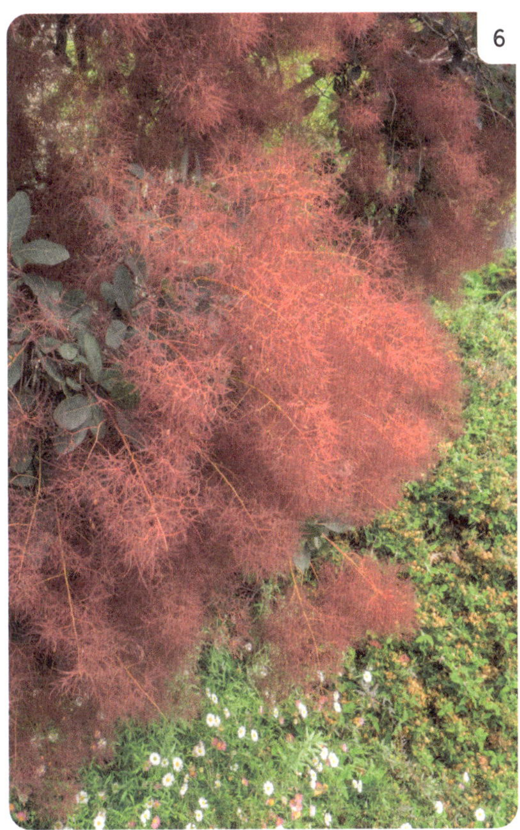

6

6 ***Cotinus coggygria. Perückenstrauch.***

Höhe: 2 bis 3 m, Sonne, Halbschatten.
Widerstandsfähigkeit: – 12°C.

Im Naturzustand ist er in Südeuropa und Asien zu finden. Er wächst in steinigem Umfeld in der Sonne und liebt daher eher entwässerte Böden, obwohl er sich durchaus auf lehmige Böden einlassen kann. Nach der Blütezeit bedeckt er sich mit duftigen Blütenständen, die ihm seinen Namen geben. Cotinus coggygria 'Royal Purple' blüht sehr schön, mit durchsichtigen Blüten, die im Frühling granatrot, im Sommer dunkelrot und im Herbst annähernd orange sind. Kürzt man einige der sehr hohen Äste Ende des Winters, erhält man junge, sehr bunte Triebe. Es handelt sich um einen schönen, robusten und zuverlässigen Strauch.

7 ***Elægnus angustifolia. Schmalblättrige Ölweide.***

Höhe: 5 m, Sonne, leichter Schatten.
Widerstandsfähigkeit: – 25°C.

Mit den schönen gräulich-silbrigen Blättern, die denen von Olivenbäumen ähneln, findet dieser laubabwerfende Strauch in jedem Garten seinen Platz, alleine stehend oder als Hecke. Sein größtes Plus ist sein Aroma im Mai, wenn die kleinen Blüten aufbrechen. Sie sind eher unscheinbar, verströmen jedoch einen starken Honigduft weit in die Umgebung hinein. Die sehr spitzen Stacheln an den Ästen ermöglichen den Einsatz als Abwehrhecke, beispielsweise zusammen mit Wildrosensträuchern. Eleagnus x ebbingei mit immergrünem Blattwerk ist nicht so anmutig, kann jedoch schnell eine blickdichte Wand in einem Garten bilden oder sich in verschiedene Strauchgruppen integrieren. Die Blüten sind noch diskreter und verströmen ihren Duft zwischen September und November, wenn es im Garten sonst eher nicht mehr duftet.

7

8 *Myrtus communis. Myrte. Myrtengewächse.*

Höhe: 2 m und mehr, Sonne, Halbschatten.
Widerstandsfähigkeit: – 15°C

Die Myrte ist ein Halbstrauch mit dunklem, immergrünem Blattwerk, das einen typischen Duft verströmt. Sie kommt in den Mittelmeerregionen bis nach Afghanistan vor. Die sehr verästelten Büsche bringen im Sommer elegante weiße Blumen mit vorspringenden Staubblättern hervor, gefolgt von zahlreichen dunklen Beeren. Diese Pflanze ist aus Mittelmeerlandschaften nicht wegzudenken, war sie doch bei den Hebräern Symbol des Friedens und stand bei den Griechen für die Liebe. Je nach Herkunft sind nicht alle Arten kalkresistent. Bei Pflanzenzüchtern, die auf Pflanzen aus dem Süden spezialisiert sind, kann man sich jedoch folgende Cultivare besorgen: Myrtus communis 'Alhambra', Myrtus communis 'Flore Pleno', Myrtus communis 'La Clape'.

Nerium. Oleander.

Höhe: 3 m, Sonne bis Halbschatten.
Widerstandsfähigkeit: – 6°C bis – 10°C, je nach Art.

Einen mediterran geprägten Trockengarten ohne Oleander kann man sich gar nicht vorstellen, oder? Er ist äußerst beliebt und verträgt extreme Situationen so gut, dass man fast vergessen könnte, dass er in natürlicher Form in Flussniederungen wächst. Die Blüten gibt es einfach oder gefüllt, duftend oder nicht duftend, und die Farben reichen von weiß über rosa, rot, lachsfarben bis gelb. Mit seinen tiefen Wurzeln kann der Oleander Wasser ganz unten im Boden schöpfen. Er bleibt länger widerstandsfähig gegen Krankheiten, wenn er nicht über eine Beregnungsanlage gegossen wird. Bei längerer Trockenheit schützt er sich, indem er einige Blätter verliert. Doch diese Verteidigungshaltung schadet in keiner Weise der Gesundheit der Pflanze. Denken Sie daran, dass alle Teile der Pflanze giftig sind. Wird er mit Lorbeer verwechselt, können die Folgen dieser Verwechslung tragisch enden. Es gibt zahlreiche Cultivare. Greifen Sie ruhig auf einen fachmännischen Pflanzenzüchter zurück.

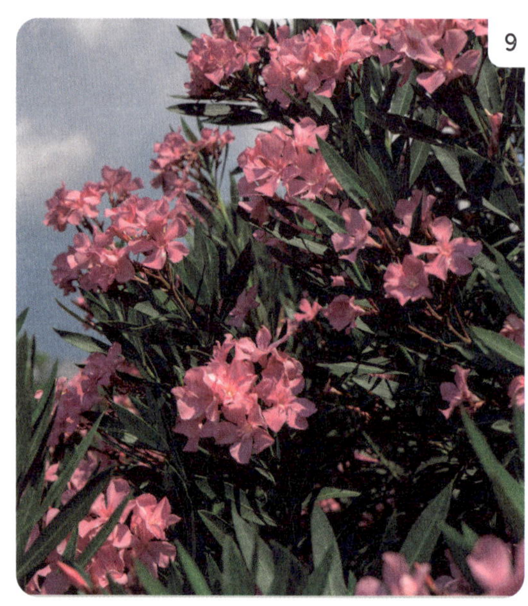

10 ***Perovskia abrotanoides.***

Höhe: 1 m, Sonne. Widerstandsfähigkeit: – 15°C.

Einer der Vorteile dieses Halbstrauchs ist seine Blütezeit mitten im Sommer, wenn sich andere Pflanzen bereits im Ruhezustand befinden. Die Blüten bilden leichte Trauben in fröhlichem Blau, halten ganze drei Monate lang und überragen die gräulichen, eingekerbten Blätter. Verträgt weder schweren Boden noch Staunässe. Entwässerte Böden halten ihn lange am Leben. Um das Entstehen neuer Triebe zu fördern und um zu verhindern, dass die Pflanze hoch aufgeschossen wirkt, sollten Perowskien in der Regel Ende des Winters geschnitten werden. Werden sie in Büscheln gepflanzt, sorgen sie im Garten für viel Licht, und die Nähe weißer Blüten harmoniert sowohl mit den Blüten als auch mit dem Blattwerk. Unbedingt sonnige Lage.

10

11 ***Phillyrea angustifolia.***

Höhe: 3 m, Sonne, leichter Schatten.
Widerstandsfähigkeit: – 15°C.

Dieser Strauch, der aus dem Mittelmeerbecken stammt, hat ein schönes immergrünes Blattwerk und keinerlei besondere Ansprüche an die Bodenart. Steinlinden fühlen sich sowohl in lehmigem als auch kiesigem Boden wohl und werden oft als einzelne Hecke oder aber für wohl geformte Umrisse verwendet. Ähnlich wie Buchs werden sie in großen Kissen geschnitten. Ihr hoher Widerstand gegen Gischt macht sie unter anderem ideal für Gärten am Meer. Phillyrea angustifolia verträgt auch Schatten oder Plätze unter Bäumen. Somit ist die Pflanze in vielerlei Hinsicht wertvoll. Auf die unscheinbaren Blüten folgen dekorative Beeren, die Leckerbissen für Vögel sind.

Wie Sie sehen, lassen sich Steinlinden vielfältig und zahlreich einsetzen. Ein perfekter Strauch als Gerüst für einen Standort oder als Blickfang für bunte Kompositionen.

11

13 *Yucca rostrata. Agavengewächse.*

Höhe: 5 m, Sonne. Widerstandsfähigkeit: – 15°C.

Die Yucca rostrata stammt ursprünglich aus Texas und Nordmexiko und ist extreme Hitze aufgrund der kronenförmig angeordneten geraden Blätter gewohnt. Dadurch wird die Verdunstung reduziert und die Fotosynthese-Fläche erhöht. Als würde diese Eigenart allein diese Pflanze nicht schon attraktiv genug machen, entwickelt sie in diesen Gegenden Mitte des Frühjahrs eine Rispe, die sich verzweigt und zahlreiche wachsartige weiße Blüten in Glockenform hervorbringt. Auch Yucca elata, Yucca gloriosa und Yucca torreyi sind sehr interessant. Die Widerstandsstrategien sind identisch, die Farbe der Blumen ist ebenfalls gleich. Aber Vorsicht: Das Blattende ist mit einem fiesen Stachel versehen. Daher sollten Sie dieses Wunderwerk lieber nicht an Durchgängen pflanzen.

12 *Punica granatum. Granatapfelbaum.*

Höhe: 4 m und mehr, Sonne.
Widerstandsfähigkeit: – 15°C.

Granatapfel: die mystische Frucht schlechthin! In den Augen der Griechen symbolisierte sie mit ihren fleischigen, eng nebeneinander liegenden Kernen Geburt und Leben. Heute ist festzustellen, dass die Pflanze wieder in den Blickpunkt gerät. Der Granatapfelbaum wurde von den Römern in Karthago entdeckt und kam mit den Mauren nach Spanien. Es handelt sich um einen kleinen, dichten Baum mit oft verschlungenen Ästen, der ab dem Frühling interessant wird, wenn die jungen Knospen in der Sonne leuchten, und bis Ende Herbst attraktiv bleibt, wenn die Früchte sich spalten. Die leuchtend orangeroten Blüten haben wachsartige, ganz besondere Blütenblätter. Im Mittelmeerraum kann man sich diese Pflanze fast nicht wegdenken.

Die 11 besten Gräser

Gräser bringen Bewegung in Gärten. Sie sorgen für Anmut und Leichtigkeit oder aber für eine starke Struktur in bestimmten Bereichen. Sie sind äußerst zuverlässig und passen sich sowohl zeitgenössischen Kreationen als auch romantischeren Gärten an. Man muss nur an einem Sommerabend das Licht beobachten, das durch die Gräser scheint, und schon ist man verzaubert. Ein weiterer Vorteil: Die meisten Gräser sind auch noch im Winter schön, wenn sie morgens mit Raureif bedeckt sind!

Anemanthele lessoniana. Süßgräser.

Höhe: 70 cm, Sonne, Halbschatten.

Dieses Gras wirkt noch effektvoller, wenn es in mehreren Büscheln gepflanzt wird. Die orangegrüne Farbe der immergrünen Blätter beginnt bei der kleinsten Lichtbewegung zu leuchten.
Man kann das Gras für weite, bewegte Flächen nutzen, und es wertet moderne Gärten auf. Aufgrund der hängenden Form lässt es sich auch gut auf einem kleinen Mäuerchen pflanzen, was es sehr dekorativ wirken lässt. Flauschige Federbüsche zwischen August und September. Die Art Anemanthele lessoniana 'Scirocco' hat einen tiefen Kupferton. Verträgt sich gut mit kalkigen Böden.

1

Deschampsia cespitosa. Schmiele. Süßgräser.

Höhe: 120 cm, Sonne, Halbschatten.

Ein leichtes Gras mit schmalen, immergrünen Blättern, das zahlreiche leichte Blütenstände bildet und für einen sehr dekorativen Goldnebel sorgt. Das Gras liebt durchlässige, drainierte, trockene Böden. Pflanzt man es in Gruppen, um die Wirkung von Nebel einzufangen, ist das ein absoluter Gewinn. Wird die Deschampsia in Richtung Abendrot gepflanzt, ergibt dies eine herrliche Wirkung. Es existieren zahlreiche Cultivare (D. cespitosa 'Goldgehänge' oder D. cespitosa 'Goldschleier'), die etwas goldenere Varianten der Gattung sind.

2

3 ***Festuca. Schwingel. Süßgräser.***

Höhe: 15 cm bis 100 cm, Sonne.

Schwingel bilden eine weitreichende Art mit unterschiedlichem Aussehen und verschiedenen Wuchshöhen. Die Kolben sind unscheinbar, denn es ist das Blattwerk, das diese Pflanzen interessant aussehen lässt. Es ist fein, immergrün und reicht von grün bis blau. Kürzlich kamen Sorten mit einem intensiveren Blauton auf den Markt (F. 'Blaufuchs', F. 'Elijah Blue'). Damit sie ihr Aussehen als stachelige Kugeln behalten, muss man sie in der Sonne und auf kiesigem und trockenem Boden pflanzen. Dieses Gras wird übrigens für seine grafische Formgebung geschätzt. Anhaltende Feuchtigkeit lässt es jedoch schnell unattraktiv aussehen. Passt gut für Lagen am Meer.

Helictotrichon sempervirens. Blaustrahlhafer. Süßgräser.

Höhe: 60 cm, Sonne.

Das sehr grafische Laub dieses Grases ist von weitem zu sehen, denn es hebt sich von anderen Gräsern durch eine bläuliche, sehr originelle Farbgebung ab. An den spitzen Blättern entfaltet das Schauspiel der hellen Ähren den ganzen Sommer über seine ganze Schönheit. Diese schöne Haferart kann in kiesigen, gut entwässerten Böden gepflanzt werden. Wassermangel macht der Pflanze nichts aus. Wie der Name schon sagt, hat der Cultivar H. sempervivens 'Pendula' geschwungene Halme. Der H. sempervivens 'Saphirprudel' hat dagegen eine noch intensivere Blaufärbung als die ursprüngliche Art (und das soll etwas heißen). Immergrünes Laub.

Hordeum jubatu. Mähnen-Gerste. Süßgräser.

Höhe: 80 cm, Sonne.

Im Juni und Juli wachsen an den losen Büscheln große Ähren mit leuchtenden Grannen, die zuerst rosafarben und dann beige gefärbt sind. Im Garten oder in Blumenkompositionen ist die dekorative Wirkung beeindruckend. Dieses Gras braucht einen einfachen Boden und wächst am besten, wenn dieser drainiert ist. Außerdem braucht es Sonne.

Pennisetum incomptum.

Höhe: 120 cm, Sonne.

Dieses Gras bildet große Büschel mit anmutigen, zylinderförmigen Ähren, die sehr lang und silberfarben sind. Die Blätter sind fein und leuchtend grün. Das Gras reagiert allergisch auf feuchte Böden und könnte dort im Winter erfrieren. Als widerstandsfähig erweist es sich auf entwässerten Böden. Manchmal wird ihm eine leicht Neigung zur Überwucherung vorgeworfen.

7 **Schizachyrium scoparium 'Prairie Blues'.**

Höhe: 90 cm, Sonne.

Dieses Gras ist noch nicht sonderlich bekannt, hat jedoch einige Vorzüge zu bieten. Das feine Blattwerk in schönem Grau färbt sich Anfang des Herbstes rot. Der Blütenschopf ist schmal und säulenartig, wodurch das Präriegras leicht in einem Ensemble seinen Platz findet, selbst zwischen niedrigeren mehrjährigen Pflanzen. Im Laufe des Sommers zeigen sich am Ende der Halme fedrige Ähren. Das Gras liebt trockene und kiesige Böden und gehört zu den Pflanzen, die für lange Zeit ihren Platz in einem Garten finden.

8

8 *Sporobolus heterolepis. Sporobole. Süßgräser.*

Höhe: 60 cm, Sonne.

Alles ganz leicht! Das Blattwerk ist sehr fein und ändert im Laufe des Jahres die Farbe. Zuerst ist das Laub leuchtend grün, im Herbst dunkelorange und im Winter dann kupferfarben. Zwischen Juni und Oktober zeigen sich sehr grazile, elegante Rispen an den Stielen. Diese luftigen Halme fangen regelrecht das Licht ein und verleihen dem Gras einen unwiderstehlichen Charme. Daher wird es im Garten ganz schnell unverzichtbar. Weitere Besonderheit: der Korianderduft, den die Pflanze ausströmt.

9 *Stipa gigantea.*

Höhe: 180 cm, Sonne.

Schönes, charaktervolles Gras, das in Spanien, Portugal und Marokko wild wächst. Kräftige Büschel mit dunkelgrünem Laub. Im Frühjahr wachsen breite Halme, an deren Enden helle Ähren erblühen, die denen von Hafer ähneln. Bei schräg einfallendem Licht ist das Schauspiel herrlich, daher sollte man diesen Riesen in Richtung Sonnenuntergang pflanzen. Eine Pflanze, die ihre Anziehungskraft lange behält, nämlich von Frühjahr bis Herbst. Das Gras fügt sich perfekt in ein Staudenbeet ein, passt aber auch zu Sträuchern und sorgt dort für Bewegung und Leichtigkeit. Verträgt gut kalkige Böden.

9

10 ***Stipa tenuissima. Engelshaar.***
Höhe: 50 cm, Sonne.

Mehrjähriges Gras aus Texas, sehr leicht mit dünnen, immergrünen, intensiv grünen Blättern und silbrigen, duftigen Blütenständen. Das Gras ist sehr leicht und bewegt sich beim geringsten Luftzug. Es gibt viele spontane Aussaaten, die jedes Mal für eine schöne Überraschung sorgen. Keine Sorge, unerwünschte junge Pflanzen lassen sich leicht ausreißen!

In schwerem Boden könnte dieses Gras allerdings nicht sehr alt werden. Wenn die Ähren ein etwas glanzloses und verfilztes Bild abgeben, reicht es aus, vorsichtig daran zu ziehen, um der Pflanze ihr stolzes Aussehen zurückzugeben. Dieses Gras verträgt kalkige Böden.

11 ***Melica ciliata. Perlgras Süßgräser.***
Höhe: 80 cm, Sonne und Halbschatten.

Eine weitere mehrjährige Pflanze, die in Gärten viel öfter vorkommen sollte. Perlgras gedeiht im Garten sehr einfach in trockenem Umfeld, es braucht lediglich einen kiesigen und entwässerten Boden. Die Rispen in Form von Flaschenbürsten sind zuerst grün und anschließend cremefarben, was sie von anderen Gräsern unterscheidet. Diese Besonderheit, die nicht weiter auffällig zu sein scheint, ist jedoch eine herrliche Aufwertung in einem Beet neben reinweißen Blüten oder aber intensiven Farben. Wird das Gras in der passenden Umgebung gepflanzt, sät es sich reichlich aus. Pelziges, immergrünes Laub. Passt für eine Bepflanzung im Mittelmeerraum. Perfekt kalkbeständig.

Blau

Agapanthus. Schmucklilie. Lauchgewächse.

Mehrjährig. Höhe: in der Blütezeit: 60 bis 80 cm, Sonne.

Auch wenn die weiße Sorte sehr elegant ist (Agapanthus præcox 'Albidus'), sind Schmucklilien für die Vielfalt und die Blüte blauer Blütenstände beliebt, die es von hell bis ins tiefe Indigoblau gibt. Hier muss man noch einige ebenso bemerkenswerte lilafarbene Sorten hinzufügen. Diese ursprünglich aus Südafrika stammenden Pflanzen lieben vor allem entwässerte Böden und eine sonnige Lage. Die Wurzeln sind fleischig, die Blätter lanzettlich, und die im Frühjahr wachsenden Halme ergeben die bekannten und schönen doldigen Blütenstände. Die Büschel verteilen sich langsam. Für eine regelmäßige Blüte sollte man sie alle 6 bis 7 Jahre teilen. Agapanthus africanus (hellblaue Blüten), Agapanthus 'Cobalt Blue' (marineblau), Agapanthus 'Intermedius' (fast schwarze Halme, Blüten intensiv blau-lila). Schmucklilien passen perfekt in maritime Gegenden.

1

Buddleja.

Strauch. Höhe: 2 bis 5 m, Sonne.

Sommerflieder ist auch unter dem Namen Schmetterlingsflieder bekannt, eine äußerst passende Bezeichnung. Schmetterlinge sind übrigens nicht die einzigen Insekten, die von den zahlreichen Blüten dieses Strauchs angezogen werden. Form und Farbe können zwar variieren, aber fast immer verströmt Sommerflieder einen angenehmen Duft. In dieser Großfamilie unterscheidet sich die Buddleja alternifolia (ursprünglich aus dem Nordwesten Chinas, Höhe: 3 bis 4 m) als wechselblättriger Strauch mit sich kaskadenartig ausbreitenden dünnen Zweigen und büschelförmigen Blüten, die in den Blattachseln der vorjährigen Triebe entstehen. Dann wird die Pflanze zu einem Busch in einem spektakulären hellen Malveton. Die Blütezeit findet im Mai/Juni statt. Dann lockt die Pflanze Schmetterlinge und Bienen an. Sehr angenehmer Honigduft. Diese Buddleja ist einfach zu pflegen. Man kann sie frei wachsen lassen oder mit einem großmaschigen Spalier an einer Mauer nach und nach in die Höhe ziehen. Muss sie geschnitten werden, sollte dies nach der Blüte erfolgen, um die des nachfolgenden Jahres nicht zu beeinträchtigen. Buddleja 'Lochinch' (China, Höhe: 2 m max.) ist kompakt und interessant mit hellem Blattwerk und schönen blau-malvefarbenen Blüten, die zwischen Mai und Juni eine Unmenge Schmetterlinge anlocken. Sie ist gut verzweigt und scheint sich zahlreichen Situationen anzupassen. Die Buddleja saligna mit einer Wuchshöhe von 4 m stammt aus Südafrika und zeichnet sich durch ein schnelles Wachstum und eine üppige Blüte im Herbst aus. Cremefarbene, duftende Blüten. Das Laub dieser Sorte ist immergrün, hart und länglich. Es ähnelt dem eines Olivenbaums.

Für Liebhaber seltener Pflanzen sei die Buddleja globosa (Chile, Argentinien und Peru) erwähnt, die bis zu 5 m hoch werden kann und interessante sphärische Blütenstände hervorbringt. Sie passt zu Bepflanzungen am Meer und sollte dennoch geschützt vor eisigen Winterwinden gepflanzt werden. Buddlejas vertragen kalkige Böden.

Catananche cærulea. Amorpfeil. Korbblütler.

Mehrjährig. Höhe: 50 cm, Sonne.

Die Rasselblume sorgt in Beeten für Leichtigkeit und Anmut. Aus dem rosettenartigen Büschel der länglichen, etwas stumpfgrauen Blätter wachsen verzweigte Stängel mit unzähligen blauen Blüten, die schuppige Blütenquasten tragen. Zwischen Mai und Juli ergeben die entfalteten Blüten und die kugeligen Fruchtstände ein sehr dekoratives Gesamtbild. Diese Staude, die man am besten mit Gräsern kombiniert, entwickelt auf steinigem und eher magerem Boden eine längere Lebensdauer. Kalkige Böden tun ihr gut. Passt hervorragend in ein maritimes Umfeld.

Caryopteris incana. Eisenkrautgewächse.

Strauch. Höhe: 60 cm, Sonne.

Dieser anspruchslose Halbstrauch stammt aus China und blüht erstaunlicherweise zwischen August und Oktober, einem Zeitpunkt, an dem blaue Blüten im Garten eher selten vorkommen. Die königsblaue Farbe wird perfekt durch grüne, ins Gräuliche gehende, gezackte Laubblätter ergänzt. Bartblumen lieben einen entwässerten, nicht zu reichhaltigen Boden und einen sonnigen Standort. Kalk kann ihnen nichts anhaben. In der Regel wird dazu geraten, ganz kurze Zweige Anfang des Frühlings herunterzubiegen, das heißt bis zum Holz, um neue, kräftigere Triebe zu erhalten. Sehr widerstandsfähig (- 10°C).

2

3

4

5 ***Ceratostigma plumbaginoides. Chinesischer Bleiwurz. Bleiwurzgewächse.***

Mehrjährig. Höhe: 30 bis 40 cm, Sonne.

Dieser schöne Bleiwurz wird denjenigen gefallen, die Bodendecker lieber. Er wächst auf sehr unterschiedlichen Böden (verträgt Kalk) und die leuchtend blauen Blüten sind wunderschön. Außerdem blüht die Pflanze Ende des Sommers bis weit in den Herbst hinein. Das Laub verfärbt sich dann rötlich, was eine sehr attraktive Mischung ergibt. Die kleinen ovalen Blätter verschwinden im Winter. Die bekanntere strauchartige Form (Ceratostigma willmottianum) stammt ebenfalls aus China. Der kompakte Busch bedeckt sich im Sommer mit Blüten (lange Blütezeit, röhrenförmige Blüten). Egal, für welche Art man sich entscheidet, ist Bleiwurz einfach zu pflegen. Nach dem Einpflanzen verlangt er ein Minimum an Pflege. Passt zu Kalkböden und Mittelmeerlandschaften.

5

6 ***Eryngium. Edeldistel. Doldenblütler.***

Mehrjährig. Höhe: 50 cm, Sonne.

Edeldisteln sind in Trockengärten aufgrund der grafischen Ausrichtung und dem dekorativen Erscheinungsbild sehr beliebt. Das Laub ist von Natur aus lanzettlich, hart und hat eine spektakuläre blaugraue Farbe. Werden Edeldisteln in der Sonne und auf porösem, kiesigem Boden gepflanzt, wachsen sie schnell. Eryngium amethystinum mit einer Wuchshöhe von 1 m gehört mit seinem großen blauvioletten und sehr verzweigten Schaft zu den schönsten Edeldisteln. Die Blütenstände sind amethystfarben. Diese schönen Stauden wachsen auf kalkigen Böden und säen sich leicht aus. Sie kommen dann regelmäßig und gerne in allen möglichen Ecken des Gartens vor, ohne jedoch vereinnahmend zu werden. Diese charaktervolle Staude passt hervorragend zu Pflanzen auf kalkigem Gelände.

6

7

8

7 *Globularia. Kugelblume. Kugelblumengewächse.*

Mehrjährig. Höhe: 5 bis 50 cm, Sonne.

Kugelblumen lieben Sonne, große Trockenheit und gut entwässerte Böden. Es handelt sich um eine etwas andere Staude mit einzelnen blauen oder purpurfarbenen Körbchen, die ab Ende des Winters erblüht und fast den ganzen Frühling über hält. Einige blühen sogar im Sommer. Das immergrüne Laub hat oft eine elegante graublaue Färbung. Globularia alypum (Höhe: 50 cm) hat eine sehr intensivblaue, auffällige Blüte. Globularia cordifolia bildet einen Zwergstrauch (Höhe: 5 cm) mit kriechenden Zweigen. Sommerliche, üppige und lavendelfarbene Blüte. Schnelles Wachstum.

8 *Lavandula angustifolia. Echter Lavendel. Lippenblütler.*

Mehrjährig. Höhe mit Blüten: 50 cm, Sonne.

Gleich einmal ehrlich und offen vorneweg: In zahlreichen Gärten erweist sich Lavendel als Enttäuschung. Grund hierfür ist zweifelsohne die Begeisterung, der er zum Opfer fällt: Er wird überall gepflanzt, manchmal auch auf Böden, die nicht gut für ihn sind, in schlechter Umgebung, mit zu viel Wasser und zu wenig Pflege. Die Wahl des richtigen Bodens ist für Lavendel äußerst wichtig. Er muss mager, trocken und extrem drainiert sein. Und nur unter diesen Bedingungen entwickeln sich schöne, immergrüne Blätter, eine ausgewogene Form sowie die üppige Blüte. Daher muss schwerer Boden unbedingt abgetragen werden, es braucht Sand und Kies zum Pflanzen (vor allem keine Blumenerde!) sowie einen sonnigen Platz. In der Natur lebt der Lavendel ein karges Leben. Hitze, Trockenheit und Wind steuern dazu bei, dass Lavendel gedrängt und in gut bestückten Pflanzenkissen wächst. Im Garten braucht es im Herbst einen guten Schnitt, damit Lavendel schön bleibt.

Der Schnitt sollte ab dem ersten oder zweiten Jahr erfolgen. Und nicht ins alte Holz schneiden, sonst treibt er nicht mehr aus. Es gibt zahlreiche Lavendelsorten, und sie ermöglichen die unterschiedlichsten Verbindungen. Nicht zu vergessen die Blüten, deren Blau an Intensität variiert (weiße und rosafarbene Sorten sind ebenfalls sehenswert), das Blattwerk ist auch mehr oder weniger dunkel, je nach Cultivar, ebenso die Höhe. Somit hat man die Möglichkeit rhythmischer und dynamischer Kompositionen. In Weiß gibt es L. angustifolia 'Alba' und in Rosa gilt es L. angustifolia 'Hidcote Pink' zu entdecken. Unter den blauen Sorten bilden L. angustifolia 'Hidcote Blue', L. angustifolia 'Bleu des Collines' oder aber L. angustifolia 'Twickel Purple' (um nur einige zu nennen) eine schöne Abwechslung. Außer dem Lavandula angustifolia gibt es zahlreiche weitere interessante Sorten. Alle benötigen eine harte Hand, sonst werden sie unten kahl und die Blätter verlieren ihren so besonderen Glanz. Sie wachsen gut in einem Garten am Meer. Passend für kalkige Böden.

9 ***Nepeta. Katzenminze. Lippenblütler.***
Mehrjährig. Höhe: 25 bis 50 cm, Sonne.

Katzenminzen werden manchmal mit Lavendel verwechselt und gehören zu den mehrjährigen Pflanzen, die im Garten am einfachsten zu pflegen sind. Das aromatische, laubabwerfende bis halbimmergrüne Blattwerk strömt einen starken Duft aus, nach dem Katzen ganz verrückt sind. Jedes Büschel bildet im Frühjahr ein schönes samtiges Kissen, das sich weich anfühlt. Im Mai und Juni beginnt die Blüte mit schönen blauen Ähren. Die üppige Blüte zieht sämtliche Blicke auf sich. Nepetas sind schön, sie werden haufenweise für große Beete gepflanzt, beispielsweise im Vordergrund von Stauden oder zusammen mit Rosensträuchern, mit denen sie ein sehr beliebtes Duo bilden. Wenn nach der ersten Blütezeit die Stängel welken und etwas erschlaffen, sorgt ein guter Schnitt für eine Zweitblüte im Herbst. Katzenminze mag trockene, kiesige und gut drainierte Böden sowie eine sonnige Lage. Die Nepeta faassenii 'Six Hills Giant' ist kräftig, vielleicht sogar etwas zu sehr. Die Blüten der N. faassenii 'Walkers'Low' sind von intensiverem Blau und stehen aufrechter. Es gibt auch rosafarbene oder weiße Sorten. Katzenminze gedeiht gut auf kalkigem Boden.

9

Rosmarinus officinalis. Rosmarin. Lippenblütler.

Strauch. Höhe: zwischen 15 und 80 cm, Sonne.

Küchenrosmarin in einem Garten? Was für eine komische Idee! Nun, die Rosmarinfamilie ist groß, und die Cultivare ermöglichen einen vielfältigen Einsatz dieser schönen Aromapflanze: Als dichter, aufrechter Busch oder immergrüne Bepflanzung eines Mäuerchens oder aber als Pflanze, die sich in einem Steingarten ihren Weg sucht. Ein sehr guter Grund, Rosmarin im Garten zu pflanzen, ist die schöne blaue Blüte, die ab dem Herbst beginnt, über den Winter hält und bis in den März andauert. Die blauen Tupfer sind in dieser etwas tristen Jahreszeit im Garten ganz besonders willkommen. Ganz zu schweigen von der Zufuhr von Nektar für Bienen, die hier ganz natürlich auf ihre Kosten kommen. Unabhängig von der Art sind die Wachstumsbedingungen immer gleich. Karger, unbedingt entwässerter Boden und sonnige Lage. Und vor allem darf er im Sommer nicht gegossen werden. Wird zu viel gegossen, sieht der Rosmarin nicht gut aus. Man hat die Wahl zwischen: R. officinalis 'Corsican Blue' (niedrige Stängel, tiefblaue Blüten, Höhe 60 cm), R. 'Prostratus' (weitreichende Triebe, lavendelfarbene Blüten, Höhe 15 cm), R. officinalis 'Sappho' (aufrechte Triebe und dunkelblaue Blüten, die, wenn sie älter sind, heller werden). Kalkliebend.

Salvia. Salbei. Lippenblütler.

Mehrjährig. Unterschiedliche Höhen, meistens Sonne.

Salbeiarten gibt es unglaublich viele. Die Gattung reicht von jährlichen oder mehrjährigen Sorten bis zu Halbsträuchern oder Sträuchern mit immergrünem oder halbimmergrünem Laub. Sie werden wegen der schönen Blüten oder den aromatischen Blättern angebaut, die zum Würzen verwendet werden. Ihre Widerstandsfähigkeit variiert, und fast alle Sorten brauchen Sonne, um zu wachsen (es gibt allerdings ein paar Ausnahmen). In vielen Regionen der Erde wächst Salbei ganz natürlich. Insgesamt gibt es über 900 Arten. Je nach Herkunft variieren die Bedürfnisse von Grund auf. Einige Arten lieben tiefe, kühle Böden, andere dagegen kiesige Böden, die im Sommer trocken bleiben.

10

11

Daher ist es wichtig, sich schlau zu machen, bevor man sich entscheidet. Unter den blauen Salbeiarten, die unter den für uns interessanten Bedingungen wachsen, gilt es den Salvia candelabrum mit auffallend lilablauen Blüten zu erwähnen (karger und vorzugsweise sehr durchlässiger Boden), Salvia clevelandii (sehr aromatisches Blattwerk, Röhrenblüten) oder aber Salvia interrupta, ursprünglich aus Marokko stammend, mit aufrechten, herrlich dunkelblauen Blüten. Der sehr spektakuläre dunkelblaue Salvia patens bildet schöne verzweigte, üppige Büschel und wächst ebenfalls in sehr durchlässigem Boden. Bei allen diesen Salbeiarten sollten Sie, falls erforderlich, beim Pflanzen Sand und Kies hinzufügen. Sie mögen nicht nur keine Feuchtigkeit, sondern wenn sie anhält, kann dies sogar fatal werden (außer für einige Arten, wie den sehr anmutigen Salvia uliginosa). Die meisten Salbeiarten eignen sich hervorragend für den Anbau im Meeresklima.

12 ***Vitex agnus-castus. Mönchspfeffer. Eisenkrautgewächse.***

Strauch. Höhe: 5 m und mehr, Sonne.

Die großen, handförmigen Blätter dieses schnellwachsenden Strauchs strömen einen starken Pfefferduft aus, wenn man an ihnen reibt. Am Ende der sehr biegsamen Stängel wachsen zwischen August und Oktober schöne, dunkelblaue Blütentrauben. Die anmutigen Ähren werden durch das gräuliche, grafische Laub in Szene gesetzt. Diesen charaktervollen Strauch sieht man oft bei Spaziergängen in Griechenland oder der Türkei. Er wächst wild in Meeresnähe und verträgt salzhaltige Gischt. Mönchspfeffer schlägt tief im Boden auf der Suche nach feuchten Stellen Wurzeln. Seine Beeren sind essbar und als Anaphrodisiakum bekannt. Kein Wunder also, dass die Pflanze diesen Namen trägt. Vitex agnus-castus (Keuschbaum) wurde im Mittelalter in der Nähe von Nonnen- und Mönchsklöstern gebaut und lieferte den Nonnen und Mönchen ausreichend Beeren, um die Fleischeslust zu zügeln ... Dieser einfache und anmutige Strauch wird heutzutage sicherlich nicht mehr aus diesem Grund gepflanzt. Verträgt bis – 15°C.

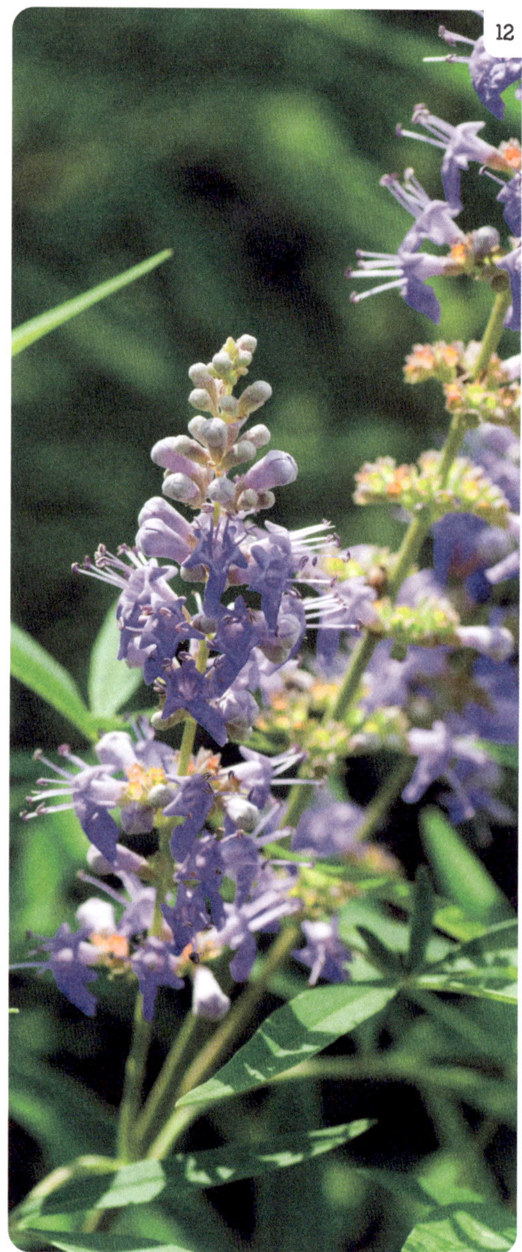

Gelb

Im Laufe meiner Tätigkeit als Landschaftsgärtner habe ich oft festgestellt, dass viele Kunden zurückhaltend reagieren, sobald man Gelb im Garten vorschlägt. Manchmal gelang es mir, Meinungen zu ändern, aber leider nicht immer. Ist Gelb zu gewöhnlich? Und was ist schon eine gewöhnliche Farbe, wenn es um Blüten geht? Eine weitreichende Frage! Gelb im Garten sorgt doch einfach für Freude, Licht und Sonne ... Diejenigen, die ich überzeugen konnte, haben es jedenfalls (zumindest nach meinem Kenntnisstand) nie bereut!

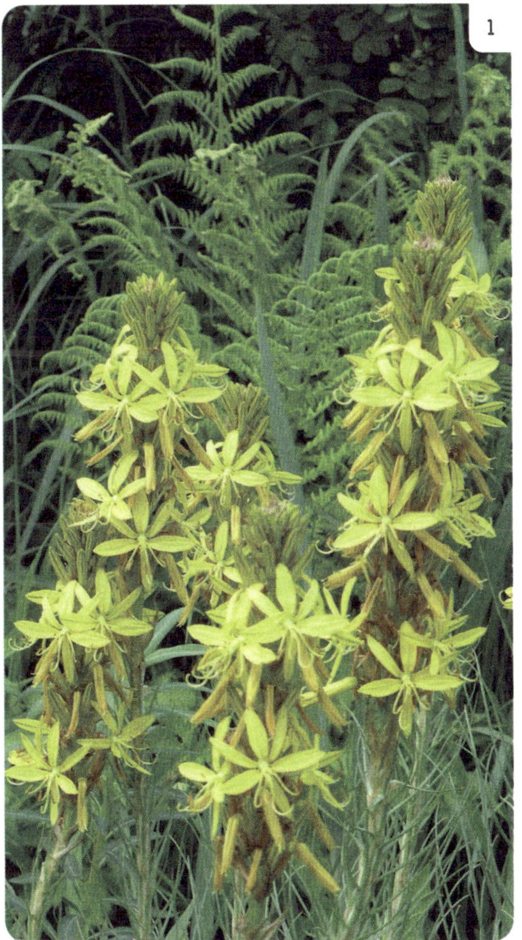
1

1 ***Asphodeline lutea. Gelber Affodill. Liliengewächse.***

Höhe: 80 cm, Sonne.

Über schmale, bläuliche und immergrüne Blätter, die denen von Gräsern ähneln, erheben sich große, goldgelbe, traubige Blütenstände. Die Pflanze ist von schlankem Wuchs. Sie hat keinerlei Probleme mit Trockenheit und verträgt diese eher gut. Vorzugsweise durchlässiger Boden. In Meeresklima gedeiht sie wunderbar.

2 ***Buphthalmum salicifolium. Ochsenauge. Korbblütler.***

Höhe: 50 cm, Sonne, Halbschatten.

Diese zuverlässige Staude gehört zu der Familie der Astern und bildet große Blütenbüschel, die gelben Margeriten ähneln. Die Blüte beginnt im Juli und dauert bis in den September, manchmal sogar länger an. In dieser Zeit wachsen kontinuierlich Blüten nach. Trockener, gut durchlässiger Boden.

2

Coreopsis. Mädchenaugen. Korbblütler.

Höhe: 40 bis 60 cm, Sonne.

Zahlreiche kleine Blüten zwischen Mai und Oktober. Diese mehrjährige Pflanze ist sehr zuverlässig und genügsam. Normaler Boden. Kalkliebend. Coreopsis sind sehr trockenresistent. Man hat die Wahl zwischen C. grandiflora 'Sonnenkind' (schöne goldgelbe Blüte), C. verticillata 'Moonbeam' (dunkles Laub, das einen hübschen Kontrast zu den buttergelben Blüten bildet) oder C. verticillata 'Zagreb' (ebenfalls goldgelb und äußerst pflegeleicht).

Gaillardia. Kokardenblume. Korbblütler.

Höhe: 60 bis 70 cm, Sonne.

Noch eine robuste mehrjährige Pflanze, die ihre Zeit mit üppigem Blühen verbringt und völlig pflegeleicht ist! Sie liebt durchlässige Böden und scheint umso glücklicher zu sein, je trockener die Witterung ist. G. 'Aurea Pura' hat schöne, hellgelbe Blüten, aber G. aristata 'Amber Wheels' sollte auch unbedingt erwähnt werden. Es ist ein Genuss, die großen Blüten mit den fransigen Blütenblättern über den schlanken Stängeln baumeln zu sehen. Kalkliebend.

3

4

Helianthus. Sonne. Korbblütler.

Höhe: 150 bis 250 cm, Sonne.

Diese allgemein als „Sonnenblume" bezeichnete, sehr große Staude gehört in der Regel am Ende des Sommers in die Beete. Einige Arten neigen dazu, sich vom Acker zu machen, was aber bei der H. 'Lemon Queen' nicht der Fall ist, denn sie ist ganz brav und hat schöne, zitronengelbe Blüten. H. salicifolius zeichnet sich durch große, schmale, fallende Blätter und zahlreiche kleine, gelbe Blüten aus. Sie ist die Größte von allen! Sonnenblumen sind Bienenweiden und gedeihen harmonisch auf kalkhaltigen Böden.

Hypericum balearicum.

Balearen-Johanniskraut. Clusiaceae.

Höhe: 50 cm, Sonne, Halbschatten.

Sein Cousin Hypericum calycinum (Höhe: 30 cm) ist ein inzwischen üblicher Bodendecker für Abhänge. Aufgrund des kräftigen und schnellen Wuchses und der Widerstandsfähigkeit ist diese Pflanze sehr beliebt. Das Hypericum balearicum sieht etwas anders aus, wächst kissenartig und blüht im Sommer leuchtend gelb.

Es ist sehr trockenresistent. Dasselbe gilt für Hypericum ægypticum (kleine, sternförmige Blüten) und Hypericum empetrifolium (interessante Befruchtung nach der Blüte im Frühjahr). Das Laub dieser verschiedenen Johanniskrautarten verströmt einen mehr oder weniger markanten Duft, wenn man daran reibt. Es ist äußerst widerstandsfähig gegen Kalk.

5

6

7 ***Kniphofia. Fackellilie. Affodillgewächse.***
Höhe: 50 cm bis 100 cm, Sonne.

Diese besonders aussehende Pflanze leidet oft unter Vorurteilen. Das hat sicherlich damit zu tun, dass man hauptsächlich die K. uvaria 'Grandiflora' kennt, eine letztendlich recht schwere und uninteressante Art. Man sollte sich bei passionierten Pflanzenzüchtern die schöne Vielfalt ansehen. Kniphofias bilden große, pflegeleichte Horste, die anspruchslos sind und sich durchaus für lange Trockenperioden eignen. Von den Sorten mit gelben Blüten sollte man sich K. 'Bressingham Yellow' und K. citrina merken. Kalkhaltige Böden vertragen sie gut. Ebenso Meeresklima.

8 ***Œnothera macrocarpa. Nachtkerze. Nachtkerzengewächse.***
Höhe: 20 cm, Sonne, Halbschatten.

Missouri-Nachtkerzen bereiten Gärtnern viel Freude. Die gelbe (manchmal rötliche) Farbe ist rein wie Gold, außerdem ist die Pflanze pflegeleicht und wächst schnell als Bodendecker oder zwischen den Büscheln anderer Stauden, die sie umrahmt, aber nicht erstickt. Die kelchartigen Blüten wachsen zwischen Juli und August unentwegt nach. Das Blattwerk wirft Laub ab, im Gegensatz zu den graugrünen und immergrünen Blättern der Œnothera drummondii. Es gibt zahlreiche Nachtkerzengewächse unterschiedlicher Formen und Größen. Allen gemein ist jedoch die üppige Blüte, dasselbe leuchtende Gelb und die Kalkverträglichkeit.

Phlomis russeliana. Lippenblütler.
Höhe: 100 bis 150 cm, Sonne.

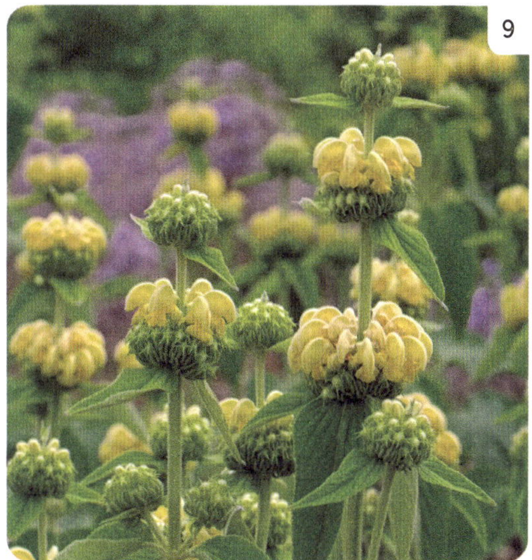
9

Russel-Brandkraut ist eine inzwischen häufig in Gärten vorkommende Pflanze. Sie liebt schwere, ja sogar lehmhaltige Böden. Diese Pflanze hat nicht viel mit den Brandkräutern zu tun, die man wildwachsend vom Libanon bis Syrien oder in der Türkei und in Griechenland antrifft und die ein variantenreiches Ensemble von der kleinen Staude bis zum imposanten Strauch bilden. Sie sind äußerst trockenresistent und haben eine Strategie entwickelt, um den heißesten Temperaturen zu widerstehen: Die Blätter bedecken sich mit kupferfarbenen Härchen, was die Pflanze selbst außerhalb der Blütezeit attraktiv aussehen lässt. Phlomis grandiflora ist ein großer, pflegeleichter Strauch. Phlomis fruticosa (strauchiges Brandkraut) ist ein etwas niedrigerer, wohlgeformter Strauch mit leuchtend gelben Blüten im Mai. Phlomis chrysophylla wird eher für sein Laub als wegen der Blüten bewundert. Zuerst ist es hellgrün und nimmt dann im Laufe des Sommers eine goldgelbe Farbe an, die für interessante Kompositionen sorgen kann. Brandkräuter an sich vertragen gut Kalk sowie Meeresklima, sie sollten daher viel öfter gepflanzt werden. Immergrünes Laub.

Verbascum. Königskerze. Braunwurzgewächse.
Höhe: 20 cm bis 250 cm, Sonne.

10

Man kennt sie, ohne sie wirklich zu kennen. Königskerzen scheinen wild zu sein, und vor allem neigen sie dazu, sich einfach im Garten auszusäen und da zu wachsen, wo man sie nicht vermutet. Sie sind eher zweijährig als mehrjährig und sorgen für Vertikalität in Blumenbeeten. Unter den kleinen Arten sind die gefälligen Sorten Verbascum 'Clementine' oder V. 'Letitia' zu nennen. Zu den groß gewachsenen Arten gehören V. bombyciferum mit wollartigen, silbrig-weißen Blättern, über denen schwefelgelbe, rachenförmige Blüten wachsen. V. 'Cotswold Beauty' bildet dagegen mit den gelben Blüten und lilafarbenen, ins Purpurrote gehenden Staubblättern einen hübschen Kontrast. V. densiflorum hält den Höhenrekord, denn der Blütenschaft erreicht regelmäßig 2,50 m. Wächst auf Kalkböden.

Ganz in Weiß!

Weiße Blumen sind bei zahlreichen Hobbygärtnern beliebt. Der weiße Garten wurde von der englischen Schriftstellerin und Gärtnerin Vita Sackville-West in Sissinghurst verewigt, einem inspirierenden Ort, der nach wie vor verzaubert. Ein weißer Garten ist stets elegant, immer unheimlich beruhigend und sorgt gleichzeitig für Faszination und Erholung. Hier einige Kombinationsideen für eine optimale Wirkung.

***Buddleja davidii* 'Nanhoe White'.**
Strauch, Sonne. Höhe: 200 cm.

Sehr graues Laub, das perfekt zu der üppigen und langen Blütezeit der weißen Rispen passt. Sollte jedes Jahr zurückgeschnitten werden, um es harmonisch aussehen zu lassen.

***Centranthus ruber* 'Albiflorus'.**
Mehrjährig, Sonne. Höhe: 60 cm.

Die lange Blütezeit von Mai bis September sowie ihre Ausdauer machen diese Baldrianart in einem weißen Garten unerlässlich. Die Pflanze sät sich in einem durchlässigen Gelände selbst aus.

***Gaura lindheimeri*.**
Mehrjährig, Sonne. Höhe: 60 cm.

Diese schöne mehrjährige Pflanze mit den Blüten in Form kleiner weißer Schmetterlinge kommt gut an. Sie sollte lieber nicht so viel gegossen werden, um ihr Aussehen zu behalten, sonst könnte sie etwas in sich zusammensacken. Blüht den ganzen Sommer über.

***Goniolimon*.**
Mehrjährig, Sonne. Höhe: 50 cm.

Strandflieder kann nicht nur in Trockenblumengestecken verwendet werden, sondern auch in Blumenbeeten als hübscher Nebel aus weißen Blumen rund um ein bläuliches, rosettenartiges Blattwerk. Blütezeit im Juli und August.

4

6

5

5 *Gypsophila repens.*

Mehrjährig, Sonne. Höhe: 10 cm

Eine edle mehrjährige Pflanze, die einen schönen weißen Blütenteppich ergibt. Die lange Blütezeit von Mai bis September wird von kleinem, sehr elegantem bläulichem Laub perfekt in Szene gesetzt.

6 *Hedera helix 'Glacier'.*

Kletterpflanze, Sonne und Halbschatten.

Hübsches kleines grün-weiß gemustertes Efeu, das sogar trockenen Schatten verträgt. Man kann es zur Verkleidung einer kleinen Mauer pflanzen oder aber auf einem Baumstamm hinten in einem Beet einsetzen. Damit neue bunte Triebe entstehen, sollte das Efeu regelmäßig zurückgeschnitten werden.

Helichrysum italicum.
Mehrjährig. Italienische Strohblume. Sonne. Höhe: 40 – 50 cm

Schönes graues Laub (Curryduft), das seine graue Farbe am meisten dann entfaltet, wenn die Pflanze in durchlässigem Boden steht und nicht übermäßig gegossen wird. Damit sie nicht blüht (gelbe Blüte, die nicht zum weißen Garten passt), muss man sie im Frühjahr einfach schneiden.

Lavandula angustifolia 'Alba'.
Mehrjährig, Sonne. Höhe: 50 cm.

Eine schöne Lavendelart mit silbrigem Blattwerk und weißer Blüte (Juni bis August).

Phalaris arundinacea 'Picta'.
Süßgras, Sonne. Höhe: 70 cm.

Man nennt es auch „Bandgras". Dieses Süßgras hat im Frühjahr ein sehr leuchtendes Laub. Auf schwerem, feuchtem Boden kann es vereinnahmend sein, in trockenem Gelände verhält es sich aber ganz ruhig. Durch regelmäßiges Ausstechen kann man es gut in Schach halten. Und es wäre schade, in einem weißen Garten darauf zu verzichten.

7

8

9

10

Rosa 'Prosperity'. Moschata.
Rosenstrauch, Sonne. Höhe: 150 cm.

Bei weißen Rosen würde man sicherlich der Sorte 'Iceberg' den Vorzug geben, die für bedingungslose Robustheit steht. In einem Naturgarten sorgt diese schöne, dichte Strauchrose jedoch für Anmut.
An schönen gebogenen Ästen wachsen elfenbeinfarbene Blüten mit zitronengelbem Herz. Der Duft ist einzigartig.

Salvia argentea.
Zweijährig bis mehrjährig, Sonne. Höhe: 50 cm.

Diese spektakuläre Salbeiart ist für ihre großen, silberfarbenen, wollartigen Blätter beliebt, die rosettenförmig angeordnet sind. Weiße Blütenstände mit gelben Blütenlippen.

Schizachyrium scoparium 'Prairies Blues'.
Süßgras, Sonne. Höhe: 100 cm.

Ein aufrechtes Süßgras mit elegantem, graublauem Laub. Braucht unbedingt durchlässige, trockene Böden.

11

12

Immergrüne Pflanzen

Gärten brauchen Struktur. Immergrüne Pflanzen liefern diese sehr wertvolle Struktur in den Wintermonaten, wenn der Garten eigentlich ruht. Einige nachgeschnittene Exemplare in einem Garten verändern sofort dessen Erscheinungsbild. Der Formschnitt besteht darin, bei Sträuchern durch regelmäßigen Schnitt mit Form und Größe zu spielen und sie dadurch buchstäblich zu skulptieren. Buchs ist hierfür wegen seines eher langsamen, regelmäßigen Wachstums und des kompakten Wuchses bestens geeignet. Man kann ihm praktisch jede gewünschte Form geben, von ganz streng bis sehr fantasievoll. Aufwendige Topiaries werden aus Schablonen gefertigt, die der Buchsbaum nach und nach bedeckt. Hier gilt es, Geduld zu haben, manchmal rund zehn Jahre, aber das Ergebnis ist die Mühe wert.

Buchs wird im Juni an einem nicht zu heißen Tag geschnitten, damit die Blätter nicht verbrennen. Ein zweiter Schnitt kann im September erfolgen, falls erforderlich. Jedoch nie später, sonst haben die jungen Triebe keine Zeit, vor dem kalten Winter ausreichend zu verholzen. Buchs ist trockenresistent, aber wie alle Pflanzen muss er in den ersten beiden Jahren nach dem Pflanzen gegossen werden. Als Vorsichtsmaßnahme und um zu verhindern, dass die Blätter durch Erhitzen der organischen, sich zersetzenden Stoffe verbrennen, wird empfohlen, Mulch rund 10 cm von den unteren Blättern entfernt auszubringen. Leider müssen unsere guten alten Buchsarten heutzutage gegen eine echte Plage ankämpfen, die durch eine Schmetterlingsart aus Fernost ausgelöst wird, die in den 2000er Jahren versehentlich nach Europa eingeführt wurde. Die Krankheit kann behandelt werden, doch ist die Wirksamkeit derzeit nicht vollständig nachgewiesen.

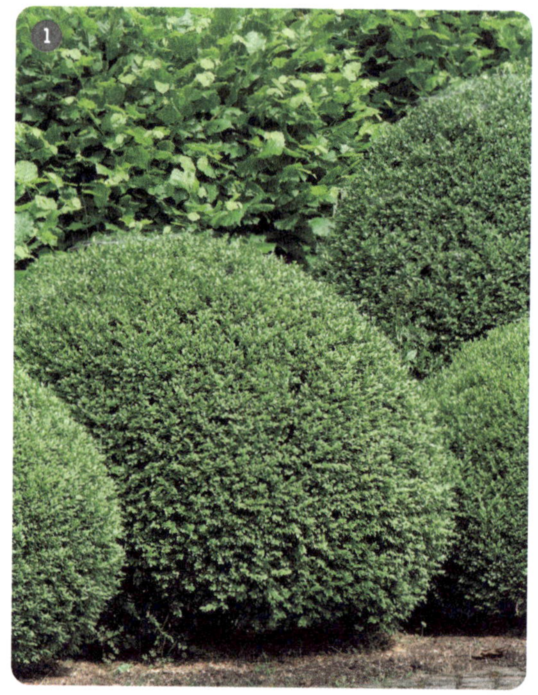
1

ÜBERALL KANN DÜRRE HERRSCHEN!

Wie bereits erwähnt, haben wir festgestellt, dass es nennenswerte Abweichungen zwischen den verschiedenen Gartenbereichen gibt, sowohl bei der Bodenbeschaffenheit (sehr lehmiger Boden im Gemüsegarten, durchlässig unterhalb eines kleinen Nebengebäudes, schnell trocknend am Abhang zum Zufahrtsweg usw.), als auch was die Temperaturen angeht, deren Spanne von einer Ecke in meinem Garten zur anderen beachtlich sein kann. Mauerschutz oder Hecken, dem Wind ausgesetzte Rabatten, schattige Beete oder im Gegenteil von morgens bis abends der Sonne ausgesetzt,

Dickichtrand: so viele Mikroklimata, die mich manchmal dazu zwangen, mehrere Male den Standort mancher Pflanzen zu ändern, bis die ideale Lage gefunden war (oder auch nicht!). Viel zu oft vergisst man, dass der Gärtner mit lebenden Pflanzen zu tun hat, weshalb es nie Sicherheit gibt. Eine Pflanze mit angeblich durchschnittlicher Widerstandskraft kann sich vielleicht sehr gut an einem bestimmten Platz im Garten einfinden, weil dort einige besonderen Bedingungen zusammenkommen ... Es ist daher wichtig, sich über die Vorlieben von Pflanzen schlauzumachen, die man kaufen will, aber auch mindestens so wichtig ist es zu verstehen, wie das Gelände funktioniert. Man sollte die Stellen erkennen, an denen die Erde schneller trocknet, Stellen, denen der Wind nichts anhaben kann, oder sonstige Eigenschaften im Hinblick auf die Regel „jede Pflanze am richtigen Ort" ...

Nach diesen Vorsichtsmaßnahmen muss ich jedoch einräumen, dass es Pflanzen gibt, die mit bemerkenswerter Bescheidenheit protzen. Sie wurden im ersten Jahr nach dem Anpflanzen gegossen, danach fast nicht mehr und legen ein Durchhaltevermögen während langer Sommerwochen ohne Niederschlag an den Tag. Diese Pflanzen, Sträucher oder Stauden versuche ich hier aufzulisten (natürlich nicht vollständig!):

Rosenstöcke: Rosiers rugosa (alle!). Rambler- oder Rankrosen ('Paul's Himalayan musk', 'Wedding Day', 'Kiftsgate', 'Veilchenblau', 'Treasure Trove', 'Mermaid'). Strauchrosen (man kann sie unmöglich alle aufzählen. Doch man kann sagen, dass die natürlichsten, die am wenigsten überzüchteten, auch am widerstandsfähigsten sind und gut alleine ohne Schnitt und Gießen klarkommen).

Sträucher: Epicea. Juniperus communis (Gemeiner Wachholder). Taxus (Eiben, säulenartig oder nicht). Eunymus fortunei (Kriechspindel). Hedera arborescens (Strauchefeu). Erica darleyensis (Winterblühende Heide). Chaenomeles speciosa (Chinesische Zierquitte). Ilex (Stechpalme). Buddleja (Schmetterlingsflieder). Cotinus coggygria (Perückenstrauch). Parrotia persica (Eisenbaum). Osmanthus burkwoodii (Burkwoods Duftblüte). Osmanthus heterophyllus (Stachelblättrige Duftblüte). Lonicera nitida. Berberis. Rubus thibetanus 'Silver Fern' (Tibetische Brombeere mit farnähnlichen Blättern).

Mehrjährige Pflanzen: Acanthus mollis (Wahrer Bärenklau). Achillea (Schafgarbe). Agapanthus (Schmucklilie). Agastache (Duftnessel). Amsonia tabernæmontana (Röhrenstern). Armeria (Grasnelken). Artemisia (Beifuß). Aster ageratoïdes (verträgt in meinem Garten am meisten Trockenheit). Campanula persicifolia (Pfirsichblättrige Glockenblume). Catananche cærulea (Blaue Rasselblume). Cerastium tomentosum (Filziges Hornkraut). Cistus hybridus (Zistrose). Coreopsis verticillata 'Moonbeam' (Mädchenauge). Cosmos atrosanguineus (Schokoladen-Kosmee). Dianthus (Nelke. Verschiedene Arten). Echinops ritro (Ruthenische Kugeldistel. Blaue Kugeldistel). Epimedium (Elfenblumen). Epilobium (Weidenröschen). Erigeron karvinskianus (Feinstrahl). Eryngium (Mannstreu). Euphorbia (Wolfsmilch. Auch hier gibt es verschiedene Arten). Foeniculum vulgare 'Purpureum' (Bronzeblättriger Garten-Fenchel). Gaura lindheimeri (Prachtkerze). Geranie (Storchschnabel. Die Robustesten: G. 'Johnson's Blue, G. macrorrhizum, G. phæum, G. 'Philippe Vapelle'). Helianthemum (Sonnenröschen). Helianthus 'Lemon Queen' (Sonnenröschen). Helichrisum italicum (Italienische Immortelle). Kalimeris (Kalimeris). Kniphofia (Tritome). Lathyrus latifolius 'White pearl' (Breitblatt-Platterbse). Linum perenne (Ausdauernder Lein). Liriope muscari (Liriope). Lychnis chalcedonica (Jerusalemer Kreuz). Nepeta (Katzenminze). Oenothera (Nachtkerze). Origanum lævigatum. Origanum vulgare 'Thumble's Variety' (Oregano). Perovskia 'Blue Spire' (Perowskie). Persicaria (Knöterich. Verschiedene Arten). Phlomis russeliana. (Brandkraut). Rosmarinus officinalis 'Corsican Blue'. Rosmarinus officinalus 'Prostratus'. Ruta graveolens (Gartenraute). Salvia microphylla (Johannisbeer-Salbei) und Salvia sclarea (Muskatellersalbei). Die beiden besten Salbeiarten hier. Scabiosa (Skabiose). Sedum (Sedum). Sisyrinchium. Solidago (Goldrute). Teucrium (Gamander), Thymus (Thymian Zahlreiche Thymianarten eignen sich als Bodendecker in trockenen und kiesigen Bereichen). Verbascum (Königskerze). Verbena bonariensis (Argentinische Verbene), Verbena hastata (Lanzen-Eisenkraut).

Eiben kann man ebenfalls formen, wie beispielsweise Kugeln, Obelisken, Pyramiden ... Eiben wachsen nicht schnell, leben aber lange, können gut geschnitten werden, wachsen im Schatten, falls erforderlich, und vertragen auch Kälte und Trockenheit. Selbst kalkige Böden scheuen sie nicht.

Der Echte Lorbeer (nicht zu verwechseln mit Oleander, der giftig ist) ist in der Küche beliebt und diente in der Antike zum Flechten von Kronen für Sieger. Man kann ihn einfach wachsen lassen oder aber in einfache Formen schneiden. Die großen Blätter vertragen keine besonderen Formschnitte. Der Echte Lorbeer kann sehr gut Trockenheit vertragen.

Rosen

Für manche Gärtner ist es schwierig, im Garten auf Rosen zu verzichten. Aber nicht alle Rosensträucher vertragen trockene Böden und noch weniger sandigen Grund, in dem Wasser nicht lange erhalten bleibt. Man muss bedenken, dass botanische Arten in der Regel eher dafür gewappnet sind, sich an ein hartes Leben zu gewöhnen als die Resultate komplizierter Kreuzungen. Bei Letzteren ging die Künstlichkeit meistens zu Lasten der Widerstandskraft. Man kann natürlich nicht alle modernen Rosensträucher ausschließen, aber üppige Rosen mit vielen Blütenblättern und Stängeln, voll mit schönen großen Blättern, benötigen vorrangig große Mengen Wasser. Außerdem sind öfterblühende Rosen (diejenigen, die fast durchgängig von Frühjahr bis Herbst blühen) anspruchsvoller als einmalblühende Rosen (eine einzige, aber oft recht spektakuläre Blüte im Frühjahr).

Rosa gallica officinalis.
Einmalblühend. Strauchrose. Höhe: 1 bis 1,5 m.

Es handelt sich um die berühmte Rose de Provins, aus der das bekannte Rosenwasser hergestellt wird. Pflegeleichte Strauchrose, traumhafter Duft und sehr schöne herbstliche Fruchtbildung. Sie ist umso ergiebiger, je wärmer der Sommer war.

Rosa banksiæ 'Lutea'.
Einmalblühend. Kletterrose. Höhe: 15 m

Eine beeindruckende Kletterrose! Dieser Rosenstrauch ist ein Hingucker und wird viel zu selten eingesetzt. Das erste Mal habe ich sie in einem marokkanischen Garten gesehen. Sie eroberte den Garten von einer Palme aus, und die schöne Blüte bildete eine spektakuläre Kuppel.

Diese Blüte, auch wenn sie gerade einmal drei Wochen dauert, ist immer spektakulär. Die büschelförmigen Knospen erblühen in zahlreichen gefüllten Blüten. Die Farbe ist leicht buttrig gelb und die Blüten ähneln Primeln. Die Blüte erfolgt ohne Duft. Will man einen duftenden Rosenstrauch, ist die R. banksiæ 'Lutescens' eine gute Wahl. Doch dafür erhält man dann einfache Blüten. Die eine wie die andere Sorte wächst außergewöhnlich schnell, und man braucht robuste Stützen, um das Gewicht eines ausgewachsenen Exemplars zu tragen. Die Blattform (fünf Blättchen), das glatte und schlanke Erscheinungsbild sowie die stachelfreien Stängel führen dazu, dass man manchmal Mühe hat, diese seltsame Rose nicht mit einer exotischen Kletterpflanze zu verwechseln. Für ein erfolgreiches Wachstum ist es unerlässlich, die Banks-Rose in einen durchlässigen Boden zu pflanzen. Da die Rose ohne große Pflege wächst und nicht anfällig für Krankheiten zu sein scheint, darf man ihr dann einfach beim Wachsen zuschauen!

***Rosa chinensis* 'Mutabilis'.**

Öfterblühend. Strauchrose. Höhe: 200 cm.

Noch ein Original für heiße Breiten. Die genaue Farbe der Blüten wiederzugeben ist schwierig, da sie ständig wechselt. Die Knospe ist orangefarben, die sich öffnende Rose gelb, bevor sie rosa und anschließend magentafarben wird. Dieses Schauspiel findet von Mai bis Oktober statt. Auch die Blütenform selbst ist besonders: einfache Rosen, fünf Blütenblätter, aber da sich diese gerne biegen oder leicht um sich selbst wickeln, kommt es einem manchmal so vor, als hätte man es mit fliegenden Schmetterlingen zu tun. Daher spielt es keine Rolle, dass sie nicht duftet. Eines ist also klar: Diese Rose ist etwas für Fans seltener Arten. Sobald sie gut angewachsen ist, erweist sie sich als robust. In den ersten beiden Jahren kann man unten vor dem Winter Mulch als Vorsichtsmaßnahme ausbringen, denn sie hat den Ruf, frostrissig zu sein. Ansonsten ist keinerlei Mulch empfohlen. Den weichen und luftigen Trieben muss man Zeit lassen, sich frei zu entfalten.

'Nozomi'.

Einmalblühend. Bodendecker. Höhe: 50 cm.
Wuchsbreite: 2 m und mehr

Diese aus Japan stammende Heiderose ist eine echte Schönheit. Man kann sie zur Verkleidung an Hängen pflanzen, auf einem Mäuerchen oder einfach mit einem kleinen Rankgitter, an dem man die langen, dornigen Zweige mit dem üppigen, dunkelgrünen Blattwerk hochzieht. Die Blüte ist außergewöhnlich und anmutig. Kleine hellrosa Blüten, gefolgt von einer Vielzahl kleiner feuerroter Früchte. Einzigartig.

Rosa longicuspis.

Einmalblühend. Kletterrose. Höhe: 8 – 10 m.
Wuchsbreite: 8 – 10 m.

Eine Rose für mildere Regionen. Wird diese Rose an einem warmen und geschützten Ort gepflanzt, läuft sie zur Hochform auf. Es handelt sich um eine schnellwachsende Kletterrose, die an einem Baum wächst und diesen im Frühjahr mit einer prachtvollen Blüte belohnt. Wunderschöne weiße Knospen, die zu schönen Blüten mit goldgelben Staubgefäßen werden und schließlich Vögel mit einer Vielzahl kleiner orangeroter Hagebutten erfreuen.

'Rose de Rescht'.

Öfterblühend. Strauch. Höhe: 1 m bis 1,5 m.

Diese schöne Strauchrose aus dem Iran liebt Hitze! Sie blüht ganzjährig und besticht mit ihrem kräftigen, erlesenen Duft. Die schönen fuchsiafarbenen, gefüllten Blüten zeigen sich ohne Unterlass von Frühling bis zum ersten Frost. Eine zuverlässige, gerade wachsende Strauchrose mit sehr dornigen Stängeln. Lässt die Blüte nach, kürzen Sie im Frühjahr jeden Ast.

'Madame Alfred Carrière'.

Öfterblühend. Kletterrose. Höhe: 4 bis 5 m.

Diese Rose ist für ihre großen, locker gefüllten Blüten bekannt, die beim Aufblühen weiß-rosa sind und sich später in ein satiniertes Elfenbein verwandeln. Sie bilden an den festen Stängeln Büschel und duften sehr angenehm. Für diese Kletterrose mit den breiten, wenig mit Dornen versehenen Stängeln sollten Sie eine robuste Rankhilfe vorsehen.

7

'Complicata'.

Einmalblühend. Strauch. Höhe: 2 bis 3 m.
Wuchsbreite: 2 bis 3 m.

Complicata! Aber warum eigentlich? Tatsächlich findet man keinen pflegeleichteren Rosenstrauch! Diese schöne Rose mit beispielhaften Eigenschaften wird im Frühling von riesigen, einfachen Blüten in Form rosaroter Kelche mit weißem Herz bedeckt und wirkt sehr frisch. Die großen goldfarbenen Hagebutten verstärken ihre Schönheit. Eine kräftige Rose, die man als Hecke oder einzeln pflanzt und der man Platz lässt, um sich auszubreiten. Unerschütterliche Fans öfterblühender Rosen sollten ihre Meinung reflektieren, denn die Rosen, die nur einmal blühen, sind am spektakulärsten. Und oft folgt auf die Blüte dieser schönen Einmalblüher wie hier eine beachtenswerte Fruchtbildung.

'Pleine de Grâce'.

Einmalblühend. Strauch- oder Kletterrose. Höhe: 3 m.
Wuchsbreite: 4 m.

Man muss aufpassen, dass man diesen Riesen nicht einfach irgendwo pflanzt, denn seine mächtigen, mit Dornen versehenen Triebe könnten zum Problem werden. Aber im entsprechenden Umfeld, am Waldrand oder vor einer Wiese ist seine schöne cremefarbene und anschließend reinweiße Blüte schon von Weitem zu sehen. Die Verteilung der Blüten auf jedem Stängel ist sehr originell. Von Jahr zu Jahr lässt die Rose neuen Trieben freien Lauf und sie bildet einen Blickfang, wobei die weiche und charmante Silhouette jedoch erhalten bleibt.

8

9

'Dupontii'.
Einmalblühend. Strauch. Höhe: 2,5 m. Wuchsbreite: 2 m.

Ein großer, robuster Rosenstrauch mit schöner weißer Blüte. Verträgt Trockenheit.

Rosa pimpinellifolia.
Bibernell-Rose Höhe: 1,2 m. Wuchsbreite: 1 bis 1,3 m.

Diese Rosen waren in England vor dem Entstehen öfterblühender Rosen sehr beliebt. Sie sind einfach an ihrem eleganten, farnförmigen Laub zu erkennen. Ansonsten haben sie schöne kleine Blüten, die oft Hagebutten gleichen und nach denen leuchtend kleine Früchte wachsen. Ihr zartes Erscheinungsbild sollte nicht über ihren echten Charakter hinwegtäuschen. Es handelt sich um robuste Rosen, die sich von kargen Böden und praller Sonne nicht abschrecken lassen.

10

11

12

Rosa damascena. Damaszener-Rose
Öfterblühend. Strauchrose. Höhe: 120 bis 150 cm.

Die Damaszener-Rosen sind eine sehr alte Sorte und bilden eine einzigartige Gruppe. Sie wurden in Europa von Rittern auf dem Rückweg von Kreuzzügen eingeführt. Ihre Blütezeit ist kurz, ihr Duft jedoch unnachahmlich. Sie werden in der Parfümherstellung oder für Duftmischungen verwendet. In der Regel haben diese Rosen gefüllte Blüten. Unter den empfohlenen Damaszener-Rosen gilt es, die 'Blush Damask' mit üppiger Blüte, breitem Wachstum und sehr attraktiven gefüllten Blüten in sattem Rosa zu erwähnen.

Ansonsten gibt es noch die 'Omar Khayyan' mit einer üppigen starkrosa Blüte und schönem Duft. 'Ispahan' gehört zu den begehrtesten Damaszener-Rosen. Das grüne, leicht gräuliche Laub dient hervorragend als Hintergrund für die sehr großen, leuchtend rosa Blüten, die lange blühen. Damaszener-Rosen geben sich in der Regel mit kargen Böden zufrieden.

13

14

13 *'Mermaid'.*

Öfterblühend. Kletterrose. Höhe: 10 m.

Die Rose schießt regelrechte Harpunen mit harten Stacheln auf die Äste der Bäume, an deren Fuß sie gepflanzt wird und die sie langsam, aber sicher besiedelt. Die Blüten sind einfach, sehr groß und haben schöne bernsteinfarbene Staubgefäße. Sie duften leicht, sind zuerst kanariengelb und verblassen dann allmählich. Die Blüte beginnt relativ spät im Jahr, dauert aber regelmäßig bis zum ersten Frost an.

Es handelt sich um eine in ihrer Art einzigarte Rose, die man am besten auf natürlichem Boden pflanzt (Waldrand, alter Baum, usw.). Mit ihren großen, dornigen und recht harten Zweigen ist sie für die Verkleidung einer Mauer nicht gut geeignet. Das niemals kranke Laub der 'Mermaid' ist in mildem Klima oft immergrün. In maritimer Umgebung ohne klirrende Kälte gedeiht sie am besten.

14 *'Pénélope'.*

Öfterblühend. Strauch oder kleine Kletterrose. Höhe: 2 m bis 4 m.

Dieser elegante, hitzebeständige Rosenstrauch ist in zahlreichen Gärten Südfrankreichs zu finden, wo er ohne Gießen gut gedeiht. Das gesunde, üppige Laub ist dunkelgrün mit roten Reflexen. Herrliche, leicht gefüllte, elfenbeinfarbene Blüte, die ins Apricot geht. Der Duft ist sehr angenehm.

Für eine magische Wirkung kann man sie mit der Sorte 'Nur Mahal' kombinieren. Sie ist von gleichem Wuchs mit leicht duftenden, ebenfalls halb gefüllten feuerroten Blüten.

15 **'Général Schablikine'.**
Öfterblühend. Strauch- oder Kletterrose. Höhe: 1,5 bis 3 m.

Teerosen, zu denen die 'Général Schablikine' gehört, lieben ein mildes Klima. Die Blüten sind leicht zu erkennen. Die spiralförmige Knospe bringt eine zerzauste, mit umgebogenen Blättern versehene Blüte hervor. Die Farbe schwankt zwischen lachs- und kupferrot. Geschätzt wird diese Rose auch wegen der außergewöhnlich üppigen Blüte, die von Juni an manchmal bis in den November anhält, und ihres sehr angenehmen Dufts. Das gesunde, in jungem Zustand leicht rötliche Laub vervollständigt das Erscheinungsbild.

15

16

16 **'Sombreuil'.**
Öfterblühend. Kletterrose. Höhe: 2,5 bis 4 m.

Schönes gesundes, weitreichendes, üppiges Laub mit recht flachen, reinweißen Blüten, die am Ende der Blütenblätter leicht cremefarben sind. Diese Blüten sind öfterblühend und duftend. Was will man mehr? Daher ist es nicht verwunderlich, dass diese Teerose oft gepflanzt wird. Und auch wenn sie mildes Klima liebt, passt sie sich doch sehr gut einem raueren Klima an.

Rosen in trockene Erde pflanzen

Bei einem normalen Boden kann man einen Rosenstrauch entweder im Container oder wurzelnackt pflanzen. In kiesiger Erde, die auch kein Wasser speichert, ist es fast schon ein Muss, sich wurzelnackte Rosensträucher zu besorgen, die es schaffen, schnell in den Tiefen des Bodens Wurzeln zu schlagen. Weitere nützliche Vorsichtsmaßnahme: ein großes Loch mit dem Spaten oder der Grabegabel graben, 50 cm breit und 30 bis 40 cm tief. Das mag riesig erscheinen im Vergleich zu dem noch kleinen Rosenstrauch, den man einpflanzen will. Doch es ist wichtig, dass die Erde richtig bearbeitet ist, damit die Wurzeln sich dann gut eingraben können. Dann setzt man die Rosenpflanze ein und legt die Wurzeln aus. Man muss darauf achten, dass sich der Pfropfpunkt leicht unter der Erde befindet (1 bis 2 cm reichen aus). Die ursprüngliche Erde mischt man mit eigenem Kompost, zwei Hand voll Bentonit, falls möglich, sowie einer Handvoll Blutmehl oder Hornspäne. Man gräbt eine Kuhle, damit das Gießwasser am Fuß der Pflanze bleibt, dann gießt man reichhaltig und lässt das Wasser langsam einsickern. Nach dem Gießen mulcht man, damit die Erde nicht unbedeckt ist. Das Gießen erfolgt wie oben erklärt: Alle zwei Wochen in der Trockenzeit, und das üppig. Sobald der Rosenstrauch angewachsen ist bzw. nach dem ersten Jahr kommt er alleine klar. Man sollte lediglich darauf achten, dass die Erde am Fuß bedeckt ist (Mulch oder Bodendeckerpflanzen).

Blumenzwiebeln

Viele Blumenzwiebeln passen ideal zu Gärten, die selten oder gar nicht gegossen werden. Blumenzwiebeln sind wertvoll, da sie zu unterschiedlichen Zeiten für viel Farbe sorgen. Weiterer Vorteil: Sobald sie gepflanzt sind, kommen sie alleine klar und bringen sich uns erst wieder während ihrer spektakulären Blüte in Erinnerung. Dann versetzen sich die Zwiebeln in die Winterruhe, das heißt sie tanken unterirdisch Energie über ihr Speicherorgan auf (Zwiebel, Pflanzenknolle, Rhizom usw.), bis sich erneut Knospen bilden, damit sie im kommenden Jahr wieder blühen können. Damit dieser Vorgang von Erfolg gekrönt ist, darf man die Blätter nach der Blüte nicht entfernen, sondern sollte sie langsam trocknen lassen. Einige Zwiebeln brauchen sogar die sengende Sonne im Sommer, um Reserven zu bilden und im darauffolgenden Jahr wieder zu erblühen. Das ist beispielsweise der Fall bei großen Fritillaria, bei Lauch, Amaryllis belladona, Guernseylilien oder aber bei den leuchtend gelben Sternbergia lutea.

In einem Trockengarten lassen sich Blumenzwiebeln auf zahlreiche Arten einbinden. Mehrjährige Pflanzen können zur Verkleidung eines Abhangs, unterhalb von Sträuchern oder in großen Mengen im Blumenbeet eingesetzt werden. Sie wachsen auch im Kies, wo sie wie bunte Überraschungen aus dem Boden kommen, manchmal sogar vor Ende des Winters. Die nachfolgende Auswahl ist alles andere als vollständig. Aber diese Blumenzwiebeln haben sich bereits in Trockengärten bewährt.

Unter den Blumenzwiebeln, die am besten für durchlässige, zu Trockenheit neigenden Böden geeignet sind, empfehlen wir die folgende Auswahl (Narzissen gehören nicht dazu, da sie während des Wachstums einen feuchten Boden benötigen).

Hochblühende Blumenzwiebeln

 ***Allium giganteum (Zwiebelgewächse/ Liliengewächse).***

Herkunft: Zentralasien. Blüten: kugelförmige Dolden mit nahezu 15 cm Durchmesser in schönem Malvenlila. Jahreszeit: Sommer. Vorlieben: sonnige Lage, durchlässiger, gehaltvoller Boden. Höhe: 1,5 m. Sonstiges: dieselben Wachstumsbedingungen für Allium Stipitatum (1,2 m) und Allium hollandicum (75 cm).

 ***Amaryllis belladonna 'Hathor' (Amaryllisgewächs/Liliengewächse).***

Herkunft: Gartenbau. Blüten: Trauben mit großen trichterförmigen weißen Blüten und gelbem Hals. Sehr angenehmer Duft. Jahreszeit: Herbst. Vorlieben: sandiger, tiefer, sehr durchlässiger Boden und unterhalb einer warmen Mauer für gutes Wachstum. Höhe: 60 – 80 cm.

1

2

③ ***Dichelostemma congestum. Zwiebelgewächse/ Liliengewächse.***

Herkunft: Prärien im Westen von Nordamerika. Blüten: blaulila, trichterförmig rund um einen sehr breiten Stängel angeordnet. Jahreszeit: Anfang Sommer. Vorlieben: durchlässiger und im Sommer trockener Boden, sonnig und geschützt. Höhe: 70 cm.

④ ***Eremurus. Liliengewächse.***

Diese Steppenkerze hat sicherlich in dieser Liste der Blumenzwiebeln nichts verloren, denn ihr Speicherorgan (spektakulär, da seestern- oder spinnenförmig) ist in Wirklichkeit ein Wurzelstock. Aber ich komme nicht umhin, diese Pflanze zu loben. Wird diese seltsame Wurzel in einen gut drainierten Boden mit warmer Ausrichtung gepflanzt, bringt sie jedes Jahr im Mai/Juni eine imposante Blütentraube hervor, die von reinweiß bis orange über cremefarben oder gelb reicht. Höhe: 90 cm bis 1 m.

5 *Fritillaria imperialis.*

Blüten: Hängende Blütenkelche in Gruppen und rund um robuste Stängel angeordnet. Die Blüten werden von einem Laubblattschopf überragt, die allem ein exotisches Aussehen verleihen. Jahreszeit: Anfang Sommer. Anforderungen: Die Kaiserkrone liebt drainierte, fruchtbare Böden und eine sonnige Ausrichtung. Höhe: Sie kann bis zu 1,5 m erreichen. Dieselben Bodenanforderungen und die Ausrichtung gelten für die erstaunliche Fritillaria persica mit schönen Glockenblüten in einem seltenen ins Schwarze gehenden Purpurrot.

6 *Lilium regale. Königslilie.*

Blüten: In Trauben mit bis zu 20 Blüten an einem Stängel. Ihr Duft ist ganz eigen und betörend. Weiße Blüten innen, nach außen gehen sie ins Purpurne über. Jahreszeit: Sommer. Vorlieben: Sonne für die Blüte, aber die Zwiebel braucht etwas Schatten. Sie wächst gerne in einem fruchtbaren, gut drainierten, neutralen bis sauren Boden. Höhe: 1 m.

7 *Ornithogalum narbonense. Liliengewächse/ Hyacinthus.*

Herkunft: Wüstengebiete in Südeuropa, vom Mittelmeer bis in den Kaukasus. Blüten: Sternenförmige weiße Blumenpyramiden an einem langen, glatten Stängel. Jahreszeit: Anfang Sommer. Vorlieben: vorwiegend gut durchlässige Böden. Kann heimisch werden, falls der Standort passt. Höhe: 90 cm.

Blumenzwiebeln mit mittlerer Blüte

1 ***Ixiolirion tataricum. Amaryllisgewächse.***

Herkunft: Prärien in Kleinasien und im Südwesten von Kaschmir. Blüten: Trichterförmig, etwa 10 Stück am Ende eines relativ biegsamen Stängels. Jahreszeit: Ende Frühjahr, Anfang Sommer. Vorlieben: gut durchlässiger Boden. Liebt es, während der Vegetationsruhe in der Sonne zu „brutzeln". Höhe: 40 cm.

2 ***Nerine bowdenii. Amaryllisgewächse/ Liliengewächse.***

Herkunft: Südafrika und Lesotho. Blüten: Wunderhübsche Dolden mit jeweils etwa 10 Blüten an einem robusten Stängel. Die Blüten sind rosafarben und die Blütenblätter am äußeren Rand umgebogen. Jahreszeit: Herbst. Vorlieben: unbedingt gut entwässerter Boden. Ein geschützter, sonniger Hof oder ein Ort unterhalb einer warmen Mauer tun der Pflanze gut. Mulch im Winter in kalten Gegenden. Höhe: 50 cm.

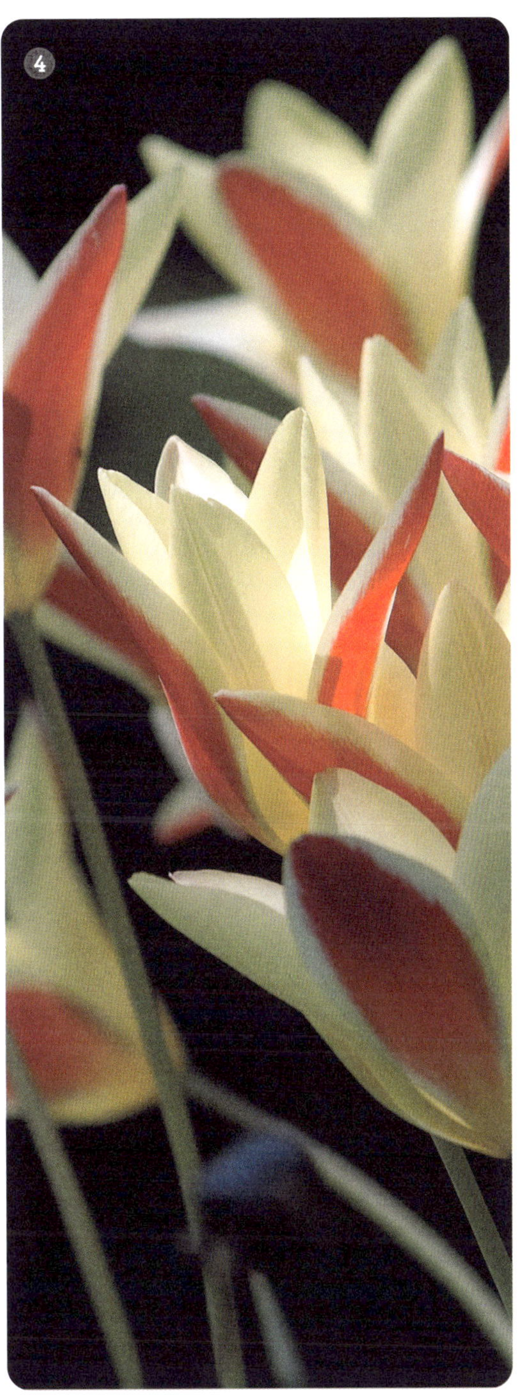

3 ***Rhodophiala advena. Amaryllisgewächse/ Liliengewächse.***

Herkunft: Bergige Regionen Chiles. Blüten: zwei oder drei trompetenförmige rote, gelbe oder rosafarbene Blüten an einem robusten Stängel. Jahreszeit: Ende des Sommers, Anfang Herbst. Vorlieben: ultra-durchlässiger Boden und geschützte, warme Ausrichtung sind unerlässlich. Kann kurze Fröste bis -5°C vertragen. Vorzugsweise Mulch im Winter. Höhe: 50 cm.

4 ***Tulipa.***

Anstelle von Gartentulpen lassen durchlässige und nicht zu reichhaltige Böden botanische Tulpen gedeihen wie die Tulipa clusiana (25 cm), T. batalinii (5 bis 10 cm), T. kaufmanniana (10 bis 15 cm), T. tarda (10 cm) oder aber die eindrucksvolle T. saxatilis, aus Kreta, die sich in warmer Umgebung wohlfühlt und dabei rund herum Ausläufer bildet.

Niedrigblühende Zwiebeln

 ***Krokus.***

Krokusse sind wundervoll, treu und kommen von Jahr zu Jahr wie eine Überraschung entweder im Frühjahr oder im Herbst wieder. Damit sie auch zur Geltung kommen und gesehen werden, sollte man sie gruppenweise und am Beetrand pflanzen, im Steingarten oder in der Nähe von Durchgängen. Nicht alle haben die gleichen Anforderungen. Für unsere Belange, nämlich ein gut entwässerter Boden und pralle Sonne, beschränken wir uns auf die nachfolgenden Cultivare: Crocus chrysanthus 'Cream Beauty' (im Frühjahr), Crocus tommasinianus 'Ruby Giant' (Ende des Winters und Frühjahr), Crocus sativus (aus diesem Krokus wird Safran hergestellt, blüht im Herbst), Crocus goulimyi (im Herbst).

2 ***Puschkinia. Liliengewächse/Hyazinthen.***

Herkunft: Südosteuropa. Blüten: Dichte Trauben mit kleinen glockenartigen Blüten, die von hellblau mit Streifen bis dunkelblau (P. scilloides) oder weiß (P. scilloides var. 'Alba') reichen. Jahreszeit: Frühling. Höhe: 15 cm. Vorlieben: keine stehende Feuchtigkeit. Sonne.

③ *Scilla scilloides. Liliengewächse/Hyazinthen.*

Herkunft: China und Japan. Blüten: Aufrechte traubige Blütenstände aus kleinen, sternförmigen, hellrosa Blüten. Jahreszeit: Herbst. Vorlieben: reichhaltiger, entwässerter Boden und ein warmer, geschützter Standort. Höhe: 20 cm.

④ *Sternbergia lutea. Amaryllisgewächse.*

Herkunft: trockene Regionen, Mittelmeer, Iran, Zentralasien. Blüten: leuchtendgelbe Becher, die an Krokusse erinnern. Jahreszeit: Herbst. Vorlieben: ideal in Kies, in Steingärten, auf einem perfekt durchlässigen Boden und in sonniger Ausrichtung. Höhe: 15 cm.

3

4

Vokabular

Gartenvokabular

Einige Gartenbegriffe sind für diejenigen gängig, die sie regelmäßig verwenden, aber nicht unbedingt für alle.

Kleine Erinnerung:

Ausläufer: Einige Pflanzen wie beispielsweise Erdbeeren vermehren sich über Ausläufer. Sie bringen Jungpflanzen aus der Mutterpflanze hervor. Mit dieser sind sie über einen langen obenliegenden Stängel verbunden.

Bodenverbesserer: Es handelt sich um die Substanz, die einem Boden zugegeben wird, wie beispielsweise Sand oder Kalk, um die Bodenbeschaffenheit zu ändern.

Container: Topf aus Kunststoff, in dem die Pflanze verkauft wird (falls nicht wurzelnackt angeboten). Das Fassungsvermögen wird in Liter angegeben. Stauden werden oft in einfachen Töpfen angeboten, aber einige Baumschulen bieten 1 l oder 1,3 l an, was besser für den Wiederaustrieb und kaum teurer ist.

Eintauchen der Wurzel: Vorgang beim Pflanzen von wurzelnackten Exemplaren (Rosensträucher, Obstbäume ...), bei dem die Wurzeln ummantelt werden, indem man sie in flüssigen Schlamm auf der Grundlage von Mist und Spurenelementen eintaucht. Verhindert das Austrockenen und fördert den Wiederaustrieb.

Entwässerung: Vorgang, der darin besteht zu verhindern, dass sich Wasser in der Erde staut. Man erstellt Gräben und Schlitze, fügt im Boden Abflüsse hinzu oder erhöht Beete durch das Einarbeiten von Sand oder Kieseln. Bei Pflanzungen im Topf besteht die Entwässerung aus Lehmkügelchen oder Kies.

Formschnitt: Bezeichnet die Kunst, gewisse Pflanzen in Form zu schneiden. Im weiteren Sinne wird der Begriff Topiari inzwischen auch für diese Pflanzen selbst verwendet.

Holzig: erhält nach und nach eine holzige Struktur (z.B. Strauch).

Honigpflanze: Wenn eine Pflanze einen Saft entwickelt, der anschließend von Bienen für die Herstellung von Honig verwendet wird, nennt man sie Honigpflanze oder Bienenweide.

Immergrün: Pflanze, die ihre Blätter das ganze Jahr über behält. Die Blätter wachsen langsam nach, anstatt alle gleichzeitig abzufallen. Immergrüne Pflanzen eignen sich hervorragend für Hecken, die selbst im Winter dicht bleiben. Grundsätzlich sollte man in einem Garten 1/3 immergrüne Büsche und 2/3 laubabwerfende einplanen.

Krautig: Pflanze aus weichem Gewebe, das nicht verholzt.

Laubabwerfend: So nennt man Pflanzen, die im Herbst ihre Blätter verlieren.

Mulch: Schicht aus abgestorbenen Pflanzenmaterialien zum Bedecken des Bodens, um die Wasserzufuhr zu verringern und das Wachstum von Unkraut zu verhindern.

Öfterblühend: Rosen sind öfterblühend, wenn sie in zwei Wellen blühen, einmal im Frühjahr, dann im Sommer, und manchmal sogar ohne Unterbrechung von Frühjahr bis Herbst. Das Gegenteil ist einmalblühend (eine Blüte im Frühjahr, in der Regel sehr üppig).

Pfropfpunkt: Vernarbter Wulst zwischen den Wurzeln und dem Stängel eines Rosenstrauchs (zum Beispiel). Man pfropft diese oder jene Sorte auf eine Unterlage, um eine Pflanze zu erhalten, die besser an einen bestimmten Boden angepasst oder resistenter gegen Krankheiten ist.

pH: Abkürzung für Potential des Wasserstoffs. Er bezeichnet den Säuregehalt (5,5 bis 6,5) oder die Alkalität (über 7) eines Bodens.

Rhizom: So wird der unterirdische Stängel einer Pflanze bezeichnet, manchmal wird er mit der Wurzel verwechselt. Er wächst in der Regel horizontal.

Sauerer (Boden): liegt der pH-Wert eines Bodens unter 7, wird er als sauer bezeichnet. Im gegenteiligen Fall spricht man von einem alkalischen oder kalkhaltigen Boden. Ein neutraler Boden hat einen pH-Wert zwischen 6,5 und 7,5.

Staude: So nennt man eine Graspflanze (nicht holziger Stängel), die jedes Jahr aus einem Wurzelballen wächst. Lediglich der obere, sichtbare Teil der Pflanze stirbt im Winter mehr oder weniger ab. Man spricht auch von perennierenden Pflanzen.

Winterhart: Pflanzen, die frostsicher sind. Man spricht auch von frostharten Pflanzen.

Wuchernd: So bezeichnet man eine Pflanze, die sich mit Hilfe von Ausläufern oder Wurzeltrieben vermehrt.

Wuchsform: allgemeine Formgebung einer Pflanze. Aufrecht, pyramidenartig, kriechend, sich zur Spitze verjüngend.

Wurzelhals: Die Stelle einer Pflanze am Übergang der Wurzeln zu dem oder den Stängel(n).

Zweijährig: Diese Pflanzen wachsen in zwei Phasen. Im ersten Jahr entwickelt sich der Sämling und bildet Blätter und Stängel. Erst im zweiten Jahr bilden sich Blüten.

Bibliographie

Un art des jardins en Provence.
Nicole de Vésian. Actes Sud 2011

Les plus beaux jardins de graminées.
Philippe Perdereau & Didier Willery. Ulmer 2012

Pour un jardin sans arrosage.
Olivier Filippi. Actes Sud 2007

Jardins secs. S'adapter au manque d'eau.
Brigitte Lapouge Déjean et Serge Lapouge. Terre Vivante 2012

Plantes couvre-sol.
Barbara W. Ellis. Ulmer 2011

Vivaces sans arrosage.
Matic Sever. Ulmer 2017

Le Guide des Plantes Vivaces.
Pépinières Lepage.

Plantes vivaces. Mode d'Emploi.
Didier Willery. Ulmer 2005

Arbustes. Mode d'Emploi.
Didier Willery. Ulmer 2010

Choisir la prairie.
John Greenlee. Éditions du Rouergue 2011

Secrets de jardins.
Paul Williams. Octopus 2003

Le latin du jardin.
Diane Adriaenssen. Larousse 2011

Bulbes.
The Royal Horticultural Society.
Marabout Coté Jardin 2001

Les buis.
Benoît Priel et Denis Retournard. Rustica 2009

Roses. Peter Beales. Chêne 1989.

Pflanzenliste

Fotos und Illustrationen

Cover: Shutterstock

© Photononstop /Biosphoto: S.2: © Dudarev Mikhail ; S.4: © Guentermanaus; S.8: © Dusan Zidar; S.10: © Kateryna Yakovlieva; S.11: © V J Matthew; S.13: © Bildagentur Zoonar GmbH; S.14 (Karte): XX, © S.14 (unten): © Ms Jane Campbell; S.16: © Asharkyu; S.17 (links): © Prapann; S.17 (rechts): © Martina Simonazzi; S.17 (Illustrationen): © Jakinnboaz; S.18 (oben): © Alessio Orru ; S.18 (bas): © Arenysam; S.22 (gauche): © Visualpower; S.22 (rechts): © Elina Chernikova; S.23: © Cherries; S.26: © Freebird7977; S.27 (links): © Robert Przybysz; S.27 (rechts): © InfoFlowersPlants ; S.28 (links): © R. Maximiliane ; S.28 (rechts): © Copernickus; S.29: © Rawpixel.com; S.31: © Pixinoo; S.33 (oben): © KaliAntye; S.33 (unten): © Alison Hancock; S.34: © Jaikhun tharae; S.35: © KaliAntye; S.36 (rechts): © MskPhotoLife; S.37: © Simon Maddock; S.39 (links): © Peter Turner Photography; S.39 (rechts): © Romarti; S.41 : © JurateBuiviene; S.43 (oben): © JPCPROD; S.43 (unten): © Thoom; S.44 (unten): © Artcphotos; S.44 (oben: © Wiert nieuman; S.46 (1): © Manfred Ruckszio; S.46 (2): © Islavicek; S.46 (4): © Kathie Nichols; S.47 (5): © Anna Gratys; S.47 (6): © Choi hyekyung; S.48 (7): © Divgradcurl; S.48 (8): © Sambhatharu; S.48 (9): © Manfred Ruckszio; S.48 (10): © Ilona5555; S.49 (1): © Juriaan Wossink ; S.49 (2): © Peter Turner photography; S.49 (3): © APugach ; S.50 (4): © Mindfullness; S.51 (6): © Gerry Burrows; S.52 (8): Flower_Garden; S.54 (1): © Fotomika; S.54 (2): © 54115341; S.54 (3): © Tomas Woff; S.56 (1): © JFs Pic S. Thielemann; S.56 (2): © Khuntapol; S.58 (2): © Stefan Rotter; S.59 (3): © Kate Iniakina; S.59 (4): © Khalangot Sergey L; S.59 (5): © D_odin; S.59 (6): © Alessio Orru; S.59 (7): Hannamariah; S.60 (1): © Stephane Bidouze; S.61 (1): © Del Boy; S.62 (2): © Max_555; S.62 (3): © Bastian Kienitz; S.63 (4): © Ramone; S.63 (5): © Anna Gratys; S.64 (6): © Vasara; S.65: © Sutapat.t; S.66: © Shihina; S.68 (1): © Anna Gratys; S.69 (4): © Malle; S.70 (5): © ataliaNM; S.70 (6): © CTatiana; S.71 (9): © Manfred Ruckszio; S.72 (10): © Daan Kloeg; S.73 (1): © Flower_Garden; S.73 (2): © Simona pavan; S.74 (3): © Bildagentur Zoonar GmbH; S.74 (4): gNesher ; S.76 (7): © Info-FlowersPlants; S.76 (8): © Agatchen; S.77 (9): © Sergey Rogalsky; S.77 (10): © ESB Basic; S.79 (1): © Cynoclub; S.79 (2): © Jenny Rainbow; S.79 (3): © Guentermanaus; S.80 (4): © B_K_Design; S.80 (5): © Jose Ramiro Laguna; S.81 (6): © Mariusz S. Jurgielewicz; S.81 (7): © Moisieiev Igor; S.82 (8): © Manfred Ruckszio; S.82 (9): © Bogachyova Arina; S.83 (10): © Kathryn Roach; S.83 (11): © Israel Hervas Bengochea; S.84 (12): © Analia Valeria Urani; S.84 (13): © David OBrien; S.85 (2): © Elena Leschenko; S.86 (3): © Irina Borsuchenko; S.86 (4): © Kathryn Roach; S.87 (5): © Stevenson; S.89 (10): © Konrad Weiss; S.90 (1): © Bildagentur Zoonar GmbH; S.91 (2): © LianeM; S.91 (3): © Mizy; S.91 (4): © High Mountain; S.92 (5): © Ian Grainger; S.92 (6): © Valentina Ridjin; S.93 (7): © Arenysam; S.93 (8): © Dadalia; S.94 (9): © Tunatura; S.95 (10): Janaph; S.96 (12): © Shihina; S.97 (1): © Guentermanaus; S.97 (2): © Sasimoto; S.98 (3): © Anna Gratys; S.98 (4): © Benedictus; S.99 (5): © Anna Gratys; S.100 (7): © ChandraSekhar; S.100 (8): © Helga_sm; S.101 (9): © LianeM; S.101 (10): © Alexsol; S.102 (2): © Manfred Ruckszio; S.102 (3): © Tagetes; S.103 (4): © Mizy; S.104 (8): © Layue; S.104 (9): © Safargalieva Ilsiar; S.106 (1): © Marina Lohrbach; S.108 (2): © Yykkaa; S.108 (3): © DSGNSR1; S.109 (1): © JurateBuiviene; S.109 (2): © Raffaella Galvani; S.109 (3): © BeppeNob; S.110 (6): © Srekap; S.111 (7): © Stevenson; S.111 (8): © Ernie Janes; S.112 (10): © Peter Turner Photography; S.112 (11): © JurateBuiviene; S.112 (12): © M.Khebra; S.115: © Vvvita; S.116 (1): © Manfred Ruckszio; S.118 (3): © Sundry Photography; S.118 (4): © Bildagentur Zoonar GmbH; S.119 (5): © V J Matthew; S.119 (6): © ShooterAlex; S.119 (7): © Artefficient; S.120 (1): © Nick Pecker; S.120 (2): © Del Boy; S.121 (4): © Ole Schoener; S.122 (1): © Nataliia Liubinetska; S.122 (2): © Andrejs Marcenko; S.123 (3): © F_studio; S.123 (4): © Vera Kalyuzhnaya.

Biosphoto: S.15: © Yann Avril / Biosphoto; S.19: © Frédéric Didillon / Biosphoto (Jardin de Plantbessin); S.20: © Digitalice / Biosphoto; S.21 (oben): © Geoff Kidd / SPL – Science Photo Library / Biosphoto; S.21 (unten): © NouN / Biosphoto; S.25: © Serge Lapouge / Biosphoto; S.30: © B & G Médias / Rustica / Biosphoto; S.32: © Frédéric Didillon / Biosphoto; S.36 (links): © NouN / Biosphoto; S.38: © Christian Hochet / Rustica / Biosphoto; S.40: © Christian Hochet / Rustica / Biosphoto; S.42: © Claudius Thiriet / Biosphoto; S.45: © Frédéric Didillon / Biosphoto; S.46 (3): © Hans Clauzing / Visions Pictures / Biosphoto; S.53: © John Glover / Flora Press / Biosphoto; S.57 (3): © Jean-Michel Groult / Biosphoto; S.58 (1): © Philippe Giraud / Biosphoto; S.60 (2): © Serge Lapouge / Biosphoto; S.60 (3): © H. Curtis / Biosphoto; S.68 (2): © Sue Bishop / Flowerphotos / Biosphoto; S.69 (3): © Juniors / Biosphoto; S.70 (7): © Andrew Lawson / Flora Press / Biosphoto; S.71 (8): © NouN / Biosphoto (Jardin de Ginette Haute-Vienne); S.75 (6): © Michael Warren / Photoshot / Biosphoto; S.85 (1): © Geoff Kidd / SPL – Science Photo Library / Biosphoto; S.87 (6): © Andrew Lawson / Flora Press / Biosphoto; S.87 (7): © Nova Photo Graphik / Flora Press / Biosphoto; S.88 (8): © Friedrich Strauss / Biosphoto; S.88 (9): © Frédéric Didillon / Biosphoto; S.89 (11): © Jean-Yves Grospas / Biosphoto; S.102 (1): © Visions Botanical / Visions Pictures / Biosphoto; S.103 (5): © Alexandre Petzold / Rustica / Biosphoto; S.103 (6): © Nova Photo Graphik / Flora Press / Biosphoto; S.104 (7): © NouN / Globe Planter / Biosphoto; S.105 (10): © NouN / Biosphoto; S.110 (4): © NouN / Biosphoto; S.111 (9): © Jean-Yves Grospas / Biosphoto; S.113 (13): © Gilles Le Scanff & Joëlle-Caroline Mayer / Biosphoto; S.113 (14): © Centi-folia / Flora Press / Biosphoto; S.114 (16): © Centi-folia / Flora Press / Biosphoto.

Wikimedia commons: S.50 (5): © Rob Routledge, Sault College; S.52 (9): © Timo Müller; S.75 (5): © Ghislain118 (AD); S.95 (11): © Alicia Rosales Cueva; S.99 (6): © Eric in SF; S.110 (5): © GFDL by Kurt Stueber; S.121 (3): © Scott Zona from Miami, Florida, USA; S.117 (2): © Stan Shebs; S.105 (11): © Salicyna; S.105 (12): © Krzysztof Ziarnek, Kenraiz.

Andere: S.51 (7): © DR ; S.114 (15): © CD94-Caroline Potez-Delpuech (Roseraie du Val-de-Marne).

Die französische Originalausgabe erschien 2023 unter dem Titel "Jardiner sans arrosage...ou Presque" bei Editions Massin – Société d'Information et Créations (SIC)

Für die deutsche Ausgabe: Übersetzung aus dem Französischen: Andrea Wurth
Produktmanagement und Lektorat: Eva Schrecklinger
Texte: Olivier de Vleeschouwer
Layout: Either studio-Éditions Massin
Covergestaltung: Either studio-Éditions Massin, Eva Hook
Produktmanagement und Lektorat: Eva Schrecklinger
Herstellung: Katrin Röhlig
Satz: Fotosatz H. Buck, Kumhausen
Druck: Rotolito, Romania

Service-Hotline
Haben Sie Fragen oder gibt es ein Problem?
Wir helfen Ihnen gern. Rufen Sie uns an oder schreiben Sie uns eine E-Mail:
Telefon: 0711 / 123 757 20*
*normale Telefongebühren
E-Mail: hilfe@frechverlag.de
Weitere Informationen zum Verlag und zu unserem gesamten Programm finden Sie unter: **www.topp-kreativ.de**

1. Auflage 2024

ISBN 978-3-7358-5251-9 • Best.-Nr.25251